AF221908

Stefan Dietrich

Dem Sachunterricht auf der Spur

Allen modelleisenbahnaffinen
Pädagoginnen und Pädagogen
gewidmet

Stefan Dietrich

Dem Sachunterricht auf der Spur

Die Modelleisenbahn als potenzialreicher und
vielperspektivischer Lerngegenstand

Bibliografische Information der Deutschen Nationalbibliothek:
Die Deutsche Nationalbibliothek verzeichnet diese Publikation in der Deutschen Nationalbibliografie; detaillierte bibliografische Daten sind im Internet über
http://dnb.dnb.de abrufbar.

© 2023 Stefan Dietrich

Internet: www.stefan-dietrich.com
Text, Layout und Umschlaggestaltung: Stefan Dietrich, Dresden
Titelbild: Stefan Dietrich unter Verwendung des 3D-Modellbahn Studios in Verbindung mit Objekten, die von der dahinterstehenden Community geschaffen wurden

Herstellung und Verlag: BoD – Books on Demand, Norderstedt

ISBN: 978-3-7578-0877-8

Vorwort und Danksagung

Liebe Leserinnen, liebe Leser,

zunächst möchte ich mich Ihnen vorstellen. Mein Name ist Stefan Dietrich und ich war noch Student an der technischen Universität Dresden für das Staatsexamen Lehramt an Grundschulen, als ich mit der Modelleisenbahn als Lerngegenstand für den Regelunterricht beschäftigt habe. Was Sie hier in Ihren Händen halten, ist weder ein Lehrbuch noch ein Handbuch zur Modelleisenbahn, die es – zugegebener Maßen – bereits in Hülle und Fülle auf dem Buchmarkt gibt. Es handelt sich vielmehr um die Veröffentlichung jener Ausarbeitungen und Überlegungen, die ich im Verlaufe meiner wissenschaftlichen Arbeit für das Staatsexamens recherchiert und zusammengetragen habe, um sie Ihnen zur Verfügung zu stellen.

Natürlich wäre dies nicht möglich gewesen ohne die Unterstützung von einer breiten Riege an im Hintergrund befindlichen Personen. Zunächst wären da Herr Dr. Förster und Frau Prof. Dr. Knörzer von der Professur Grundschulpädagogik/Sachunterricht an der technischen Universität Dresden. Beide waren während meiner Studienzeit prägende Instanzen, die mir die Schönheit und die Vielfalt dieses doch recht oft stiefmütterlich behandelten Unterrichtsfaches näher gebracht und sich zur Begutachtung der Arbeit bereit erklärt hatten. Darüber hinaus danke ich meiner kleinen Familie, die mich im Zuge meines Recherche- und Schreibprozesses nur selten zu Gesicht bekommen hat. Gleichzeitig geht auch ein riesiger Dank an meine Mutter, die sich als Pädagogin die Zeit genommen hat, meine Arbeit unter die Lupe zu nehmen und an vielen Stellen konstruktive Rückmeldungen zu geben. Da ich mich gern an die Adventszeit in meiner Kindheit zurückerinnere, bei der mein Vater stets seine Modelleisenbahn aufgebaut hatte, damit seine Kinder und natürlich auch er eine tolle Weihnachtszeit verbringen konnten, geht auch mein Dank an ihn. Im Zuge der illustrativen Arbeit danke ich der Community, die hinter dem 3D-Modellbahn Studio steckt, für die freundliche Genehmigung zur Verwendung des Programms und der von den Mitgliedern geschaffenen 3D-Objekten. Sollte ich jemanden vergessen haben, so tut es mir leid. Denn mein Dank soll auch denjenigen gewidmet sein, die mir aktiv und passiv bei der Arbeit geholfen haben.

Um was handelt es sich nun bei diesem Buch? Die Modelleisenbahn wird als potenzieller Lerngegenstand beleuchtet, so dass es theoretisch möglich ist, sie im praktischen Unterrichtsgeschehen für den Sachunterricht und anderen Fächern der Grundschule zu verwenden. Was hat dieses Buch der zugrundeliegenden wissenschaftlichen Arbeit voraus? Neben den neu überarbeiteten Tabellen und Abbildungen, den zusätzlichen Marginalien (Randnotizen), den grauunterlegten Infoboxen und weiterführenden Literaturhinweisen, beschränkt sich das vorliegende Buch nicht allein auf den Sachunterricht im Freistaat Sachsen, sondern gibt zusätzliche exkursive Einblicke in die Sachunterrichtslehrpläne anderer ausgewählter Bundesländern, die nicht Teil der zugrundeliegenden wissenschaftlichen Arbeit für das erste Staatsexamen waren.

Ich möchte Sie, liebe Leserinnen und Leser, jedoch warnen. Es besteht akute Nachahmungsgefahr!

Viel Spaß beim Lesen.

Dresden, Februar 2023

Stefan Dietrich

Inhaltsverzeichnis

ABKÜRZUNGSVERZEICHNIS

AG   Arbeitsgemeinschaft

DAH   Denk-, Arbeits- und Handlungsweisen

DWDS   digitales Wörterbuch der deutschen Sprache

GDSU   Gesellschaft für Didaktik des Sachunterrichts

GTA   Ganztagsangebot

H0   halb Null (Spurweite)

KMK   Kultusministerkonferenz

MINKT   Mathematik, Informatik, Naturwissenschaft, Kunst, Technik

MINT   Mathematik, Informatik, Naturwisschaft, Technik

MOROP   Verband der Modelleisenbahner und Eisenbahnfreunde Europas

NEM   Normen Europäischer Modellbahnen

STEAM   science, technology, engineering, arts, mathematics (vergleichbar mit MINKT)

STEM   science, technology, engineering, mathematics (vergleichbar mit MINT)

TM   trade mark (Handelsmarke)

ABBILDUNGSVERZEICHNIS

TABELLENVERZEICHNIS

Tabellen

Lehrplantabellen

1 EINLEITUNG

*„Dem kleinen Kinde aber sind diese Gesetze fremd, es
sieht nur die Wirkung einer ihm unbekannten zauberhaften
Kraft, darum ist auch das Eisenbahnspiel von einer gera-
dezu unglaublichen Anziehungskraft auf fast alle Kinder"
(Hildebrandt 1904, S. 130).*

1.1 Zur Problemstellung

Bereits 1909 verweist Paul Hildebrandt als Pädagoge darauf, dass die Modelleisenbahn als Spielzeug eine Faszination auf Kinder ausübt. Und trotz des Images eines komatös bis tot geglaubten Hobbys übt die Modelleisenbahn noch nach über einhundert Jahren eine generationsübergreifende Faszination aus. Zumindest ist ein Aufschwung zu erkennen, der sich seit der Eröffnung des Miniatur Wunderlandes in Hamburg ergibt. Laut des Vereins ‚Deutsche Zentrale für Tourismus' befindet sich das Miniatur Wunderland auf Platz 1 der 100 beliebtesten Sehenswürdigkeiten in Deutschland und ist somit seit 2012 das dritte Mal in Folge auf dem Spitzenplatz (vgl. Miniatur Wunderland Hamburg 2020). Im Zuge der Covid-19-Pandemie und der dadurch vermehrten Homeoffice- und Homeschooling-Aktivitäten ist ein Phänomen in der Modelleisenbahnbranche zu erkennen, welches diesem Hobby zu neuem Aufschwung verholfen hat. So sind die Verkaufszahlen namhafter Modelleisenbahnhersteller seit dem Jahr 2020 sprunghaft angestiegen. Es scheint, dass die Modelleisenbahn eine Renaissance erlebt, die sich auch generationsverbindend darstellt – bspw. wenn der Enkel dem Opa hilft, die analoge Modelleisenbahn zu digitalisieren. Doch ist die Modelleisenbahn auch gleichzeitig im Kontext von Schule bzw. Grundschule zu gebrauchen?

Die Renaissance eines totgeglaubten Hobbys

Eine einfache Google-Suche verrät, dass die Modelleisenbahn bereits in der Grundschule angekommen ist. Man braucht nur die Begriffe ‚Grundschule' und ‚Modelleisenbahn-AG[1]' im Suchfeld einzutragen und zu bestätigen, schon werden an die 60.000 Ergebnisse angezeigt. Hinter den ersten hunderten Einträgen befinden sich zumeist Erfahrungsberichte oder die Vorstellung der jeweiligen Modelleisenbahn-AG. So wird bereits in zahlreichen Modelleisenbahn-AGs seit Jahrzehnten den Schülerinnen und Schüler diese Art der Freizeitgestaltung näher gebracht. Dabei scheint die Zahl dieser Arbeitsgemeinschaften zuzunehmen. Diese Auseinandersetzung in Form der AGs finden jedoch vorwiegend in den Nachmittagsstunden statt.

Modelleisenbahn bereits im Bildungsbereich angekommen

---

[1] AG: Arbeitsgemeinschaft

Wird die Suche über den deutschsprachigen Raum hinaus erweitert, so ergibt sich global ein ähnlich geartetes Bild in Bezug auf Modelleisenbahnen im schulischen Kontext bzw. im Kontext von Bildung. So entstand beispielsweise bereits im Kindergartenbereich der Toin Gakuen im japanischen Yokohama ein beeindruckendes Modelleisenbahnszenario durch Vorschulkinder, die zwei Miniaturstädte aus Alltagsgegenständen erschufen und mit der sehr kleinen Modelleisenbahn im Maßstab von 1:160 verbanden (vgl. 桐蔭 学園 幼稚園 (Toin Gakuen) 2016). Demnach gibt es bereits seit Jahrzehnten eine Vielzahl an praktischen Auseinandersetzungen mit dem Thema Modelleisenbahn im Kontext von Schule und Bildung. Im deutschsprachigen Raum verteilt sich diese Auseinandersetzung, wie oben beschrieben, in die Nachmittagsstunden in Form von Arbeitsgemeinschaften. Aber was wäre, wenn diese Auseinandersetzung direkt im Regelunterricht bzw. im Fachunterricht in der Grundschule vollzogen werden würde? Welche Potenziale hat eine Auseinandersetzung bzw. die Einbindung von Modelleisenbahnen als vielperspektivischer Lerngegenstand in den Regelunterricht? Hierdurch stellt sich auch die Frage, wie eine solche Auseinandersetzung bzw. Einbindung in den Regelunterricht in der Grundschule pädagogisch und didaktisch begründet und umgesetzt werden kann.

Die vier leitenden Hypothesen

Zur Beantwortung der Frage sollen folgende Hypothesen beleuchtet werden:

1. Das größtmögliche Potenzial entfaltet die Modelleisenbahn als Lerngegenstand im Anlagenbau.

2. Innerhalb des Sachunterrichts besitzt der Bau einer Modelleisenbahn das Potenzial, alle der Didaktik innewohnenden Perspektiven anzuschneiden, auszufüllen oder Lernimpulse zu generieren.

3. Des Weiteren besitzt der Bau einer Modelleisenbahnanlage im Unterricht das Potential, sowohl andere Fächer mit einzubeziehen als auch die Bildung im MINT-Bereich und im Bereich der Modellkompetenz zu fördern.

4. Um die möglichen Potenziale, welche der Modelleisenbahn inne-
   wohnen, im Regelunterricht auszuschöpfen, ist die Realisierung in
   Form eines Projekts durchzuführen, welches zur Erschließung der
   vielfältigsten Themen möglichst eine längere Dauer aufweisen
   sollte.

1.2 Stand der Forschung

Trotz der vielen Modelleisenbahn-AGs im deutschsprachigen Raum blieb
bislang eine wissenschaftliche Betrachtung des Themas innerhalb des Rege-
lunterrichts aus. Bisweilen liegen nur Auseinandersetzungen vor, welche die
Modelleisenbahn erst für Sekundarstufen als Lerngegenstand verorten.
Brandl und Grellmann seien hier genannt. Bezüglich der Einbindung der
Modelleisenbahn im Grundschulunterricht gibt es keine fundierte wissen-
schaftliche Forschung. Aus diesem Grund soll die vorliegende Arbeit einige
Lücken schließen.

Bisherig dünne Forschungslage

1.3 Methodisches Vorgehen

Da die vorliegende Arbeit in der Grundschuldidaktik/Sachunterricht verortet
ist, soll die Auseinandersetzung mit dem Lerngegenstand Modelleisenbahn
vornehmlich von diesem Grundschulfach ausgehend betrachtet werden.
Aufgrund der fehlenden wissenschaftlichen Ausgangslage im schulischen
Kontext und im Speziellen im Kontext des Regelunterrichts soll die vorliegende Arbeit darüber hinaus die Thematik von Modelleisenbahnen initiativ
einleiten. Zugleich wird diese Arbeit durch theoretische Überlegungen ge-
stützt, welche sich sowohl aus dem Sachunterricht und seine Didaktik als
auch aus allgemeindidaktischen Gesichtspunkten ergeben.

Theoretische Grundüberlegun-gen der Arbeit

Zunächst gilt es, die Modelleisenbahn sowie die mit ihr verbundenen Aspekte zu analysieren. Zu den Definitionen der einzelnen Aspekte werden neben dem Lexikon der Modelleisenbahn von Hoße und Mitarbeiter weitere
für diesen Gegenstand wichtige Fachliteraturen Berücksichtigung finden –

Ersten Teil: Modelleisenbahn als Gegenstand und dessen Po-tenzial

bspw. Krüger (2000), Meier (2015), Strüber (2005), Tiedtke (2005) und Vetter (2005). Diese sind in Fachkreisen der Modelleisenbahn bekannt und anerkannt. Um die Potenziale der Modelleisenbahn für den Regelunterricht herauszuarbeiten, gilt es hierbei, den Gegenstand Modelleisenbahn zu untersuchen und zu beschreiben. Dabei ist im ersten Teil der Arbeit das Ziel, einen Überblick über einzelne Aspekte dieses Gegenstandes zu benennen, die für eine Umsetzung innerhalb des Regelunterrichts in der Grundschule in Betracht kommen und beachtet werden müssen. Welche Spurweiten sind für Kinder im Grundschulalter handhabbar? Und welche Umsetzungsmöglichkeit dieses Gegenstands ist dabei als platzsparend zu betrachten?

Zweite Teil: Herausarbeitung von Bildungspotenziale im Sachunterricht und anderen Fächern

Im zweiten Teil der Arbeit sollen die Bildungspotenziale der Modelleisenbahn näher beleuchtet werden. Ein Blick liegt dabei zunächst auf den allgemeinen Bildungsbereichen der Modellkompetenz nach Conrads (2010), Gilbert und Justi (2016), Meistert (2008), Upmeier zu Belzen und Krüger (2010), Weinert (2014) sowie Haider (2019) in Verbindung mit der MINT- bzw. MINKT-Bildung nach Renn et al. (2012), Connor et al. (2015), Hardiman und JohnBull (2019), um daran geeignete Anknüpfungspunkte zum Sachunterricht und anderen Fächern sowohl auf didaktischer Ebene als auch auf Lehrplanebene herzustellen. Ein vermehrter Fokus liegt bei der Behandlung der Thematik Modelleisenbahn als vielperspektivischer Lerngegenstand auf dem Sachunterricht, wobei auch Verknüpfungen zu anderen Unterrichtsfächern in der Grundschule herausgearbeitet werden sollen.

Dritter Teil: Ableitung geeigneter Handlungsempfehlungen

Vierter Teil: Vorstellung einer möglichen Projektkonzeption

Um die Modelleisenbahn als vielperspektivischen Lerngegenstand zu beleuchten, soll es innerhalb von inklusionsdidaktischen Netzen analysiert werden. Die gefundenen Erkenntnisse dienen dann dazu, didaktische Handlungsempfehlungen aufgrund bisheriger Modelleisenbahn-AGs und den aufgefundenen Potenzialen für den Regelunterricht abzuleiten sowie im letzten Teil der Arbeit eine geeignete Projektkonzeption zu skizzieren.

2 THEORETISCHE VORÜBERLEGUNG

Dieser Teil der Arbeit beschäftigt sich mit der Auseinandersetzung der Modelleisenbahn als Gegenstand. Dabei geht es zunächst darum, diesen Gegenstand zu definieren und jene Aspekte, die für eine Umsetzung in den Räumlichkeiten einer Grundschule zu beachten sind, allgemein und theoretisch herauszuarbeiten. Danach soll die Modelleisenbahn im Hinblick auf ihre Potenziale als Spiel- sowie als Lerngegenstand untersucht werden, um den Einsatz dieses Gegenstandes innerhalb der Grundschule zu rechtfertigen.

2.1 Die Modelleisenbahn

2.1.1 Definition Modelleisenbahn

Der Duden definiert die Modelleisenbahn als „Spielzeugeisenbahn, deren einzelne Teile möglichst wirklichkeitsgetreu nachgebildet sind" (Duden 2022a). Diese Definition unterstellt dem Gegenstand ein reines Spielzeug zu sein. Das digitale Wörterbuch der deutschen Sprache (DWDS) beschreibt die Modelleisenbahn als „maßstabgetreu verkleinerte Nachbildung einer Eisenbahnanlage, die als Spielzeug oder zu Lehrzwecken dient" (DWDS 2022). Die zweite Definition stammt zwar aus dem Jahr 1974[2], aber sie beinhaltet neben dem Charakter des Spielzeuges auch die Möglichkeit, diesen Gegenstand zu Lehrzwecken einzusetzen. Die Modelleisenbahn scheint jedoch dieses Merkmal verloren zu haben. Laut der Definition des Lexikons der Modelleisenbahn ist eine Modelleisenbahn (auch Modellbahn) eine „Bezeichnung für eine in einem bestimmten Maßstab ausgeführte Nachbildung einer schienengebundenen Bahn" (Hoße et al. 2020a). Verbunden mit diesem Begriff ist auch die Modellbahnanlage als „Gesamtheit der zum Betrieb und zur Ausgestaltung […] erforderlichen Mittel ausschließlich der Modellbahnfahrzeuge" (Hoße et al. 2020b; Auslassung: Verfasser). Die Anlage beinhaltet beispielsweise die „Grundplatte, Gleisanlage, Signale, Geländegestaltung" (ebd.) etc. Demnach handelt es sich um einen Gegenstand, der einen modellhaften Charakter trägt und einen realen Gegenstand maßstabsgetreu in Aussehen und Funktion nachzubilden versucht.

Bedeutungsschwund vom Spielzeug mit Lehrzweckcharakter zu einem reinen Spielzeug

Daneben werden unter dem Begriff ‚Modelleisenbahn' nicht nur das Rollmaterial (Lokomotiven und Wagons), die Schienen und das technische Equipment verstanden, sondern auch, unter bestimmten Umständen, eine ausgestaltete Modelleisenbahnanlage, welche die Landschaften mehr oder minder im korrekten Maßstab darstellen. Aus dieser Sicht ergeben sich drei Bedeutungsebenen für den Begriff ‚Modelleisenbahn':

Die drei Bedeutungsebenen der Modelleisen

---

[2] Anmerkung: Im DWDS ist vermerkt, dass diese Definition aus dem 'Wörterbuch der deutschen Gegenwartssprache' von 1974 entnommen und digitalisiert wurde (vgl. DWDS 2022).

1. Die Modelleisenbahn im engeren Sinne ist eine vorbildgetreue und gegenständliche Verkleinerung einer Eisenbahn (Lokomotive, Wagons, etc.) in einem bestimmten Maßstab.

2. Die Modelleisenbahn im erweiterten Sinne ist eine vorbildgetreue und gegenständliche Verkleinerung einer Eisenbahn mit dem Gleismaterial und der Funktionalität des Fahrens mithilfe des elektrischen Stroms unter Verwendung geeigneter Bauteile. Ein klassisches Beispiel hierfür ist die Teppicheisenbahn.

3. Die Modelleisenbahn im weitesten Sinne ist die landschaftlich gestaltete Anlage, auf der die vorbildgetreue und im Maßstab verkleinerte Eisenbahn auf Gleisen mithilfe von elektrischen Bauteilen gesteuert wird.

Im Verlauf dieses Buches sollen die beiden letzteren Bedeutungen (im **erweiterten** und im **weitesten Sinne**) vorwiegend für den Begriff der Modelleisenbahn gebraucht werden, da zunächst davon auszugehen ist, dass diese die meisten Potenziale für den Regelunterricht haben.

2.1.2 Handhabbare Spurweiten und Systeme

1. Problem: die Qual der Wahl im Spurweitendschungel

Wenn die Grundschule oder die Lehrkraft den Entschluss fasst, die Modelleisenbahn als Lerngegenstand zuzulassen, ergeben sich einige Schwierigkeiten mit diesem Gegenstand. Das weite Feld der Modelleisenbahn besitzt eine Reihe unterschiedlicher Maßstäbe, die sich durch jeweilige Spurweiten (auch Nenngröße genannt) ergeben. Die Spurweite ist dabei durch den Abstand der Schienen eines Gleises definiert. Die Spurweite der Modellgleise orientiert sich dabei an der Normalspur mit einer Breite von 1435 mm (vgl. Hoße et al. 2020c). Der Verband der Modelleisenbahner und Eisenbahnfreunde Europas (MOROP) legt die Normen europäischer Modelleisenbahnen (NEM) fest (vgl. ebd.). Im Folgenden sollen in der Tabelle 1 die am häufigsten in Deutschland vertretenen Spurweiten genannt werden, welche von der Spurweite Z bis zur Spur III reichen (vgl. Faustmann 2002, S. 23; Hoße 2004, S. 152).

Tabelle 1: Nenngrößen und Maßstäbe von Modelleisenbahne

Nenngröße	Maßstab	Spurweiten (in mm)
Z	1:220	6,5
N	1:160	9
TT	1:120	12
H0	1:87	16,5
S	1:64	22,5
0	1:45	32
I	1:32	45
II	1:22,5	64
III	1:16	89

Quelle: In Anlehnung an MOROP, NEM 010-2: 2011-11, 2011, S. 1

Platzprobleme bei größeren Spurweiten und Handhabbarkeitsprobleme für die Kinder bei kleineren Spurweiten

Aus diesen verschiedenen Spurweiten und deren jeweiligen Maßstäben ergeben sich bei Grundschulkindern Schwierigkeiten bzgl. der Handhabung oder der Nutzung des zur Verfügung stehenden Platzes in der Grundschule. Zum Beispiel kann die Spurweite Z bei einer Anlage, die 1m lang ist, 220m der Wirklichkeit abbilden. Jedoch ist die Spur Z zu filigran, als dass sie von Kindern im Alter von 6 bis 11 handhabbar wäre. Die Hersteller dieser Spur weisen darauf hin, dass die Spur Z nicht für Jugendliche unter 14 Jahren geeignet ist. Auch Märklin™ gibt für die Startpackungen der Spur Z den Hinweis, dass es erst für Jugendliche ab 15 Jahren geeignet ist (vgl. Gebr. Märklin & Cie GmbH 2022a). Demgegenüber muss bei der Wahl einer breiteren Spurweite, die vielleicht für die Kinder handhabbarer ist, der Raum größer sein, um das darzustellen, was in kleineren Spurweiten wenig Raum einnimmt. Ein 100 m langer Bahnsteig eines realen Vorbildes hätte in der Spur Z eine Länge von etwa 0,45 m, in der Spur H0 eine Länge von 1,15 m und in der Spur 0 eine Länge von 2,22 m.

Herstellerhinweise zur Handhabbarkeit für Kinder

Um auf eine Nenngröße zu stoßen, die für Kinder im Grundschulalter handhabbar ist, reicht auch hierbei ein Blick in die von den Herstellern angegebenen Altersbegrenzungen. Viele Hersteller haben sogar speziell für Kinder im Grundschulalter ausgerichtete Programme im Sortiment. Alle haben etwas gemeinsam – sie beinhalten Material der Spurweite H0. So sind die im Programm ‚Start-Up' der Firma Märklin™ ausgewiesenen Startpackungen, Züge, Gleise etc. für ein Alter ab sechs Jahren angegeben (vgl. Gebr. Märklin & Cie GmbH 2022b).

H0 geeignet für Grundschulkinder unter Berücksichtigung des Platzes

Auch Vetter weist daraufhin, dass „man bei der Planung einer [...] Anlage immer Rücksicht auf die bestehenden Platzverhältnisse nehmen [muss]" (Vetter 2005a, S. 23; Auslassung und Umstellung: Verfasser). Dies bedeutet, dass die räumlichen Kapazitäten in der Grundschule ausschlaggebend für den Aufbau einer Modelleisenbahn sind. Aufgrund des zur Verfügung stehenden Platzes in Grundschulen und dem Angebot an Modelleisenbahnmaterialien ist die Spurweite H0 als geeignet zu betrachten, da diese, wie oben beschrieben, auch explizit für Kinder im Grundschulalter hergestellt sind. Bei der Wahl für die Spur H0 sind jedoch weitere Aspekte in Bezug auf die Stromversorgung und Steuerung zu beachten.

2. Problem: die Wahl des Stromsystems

Neben dem in allen Spurweiten vorzufindenden Zwei-Leiter-Gleichstrom-System gibt es für die H0-Spur auch die Möglichkeit des Zweileiter-Dreischienen-Wechselstrom-Systems. Beim Zwei-Leiter-Gleichstrom-System hat das Gleis dem Vorbild entsprechend nur zwei Schienen. Dabei ist die eine Schiene bei der Spannungserhöhung immer der anderen entgegengepolt, um über den Motor der Lokomotive als Abnehmer einen geschlossenen Stromkreis zu bilden. Beim Zweileiter-Dreischienen-Wechselstrom-System liegt eine dritte Schiene inmitten der beiden äußeren. Hierbei weisen die äußeren Schienen bei der Spannungserhöhung dieselbe Polung auf, während die mittlere Schiene entgegengepolt ist. Die

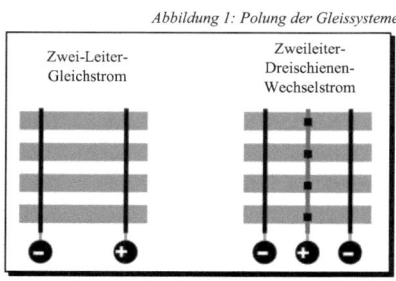

Abbildung 1: Polung der Gleissysteme

Quelle: Eigene Darstellung

Lokomotiven für dieses System besitzen zur Stromabnahme einen oder mehrere Schleifer zwischen den Radachsen. Die Abbildung 1 zeigt ein mögliches Polungsverhältnis der beiden Gleissysteme.

Kein Verpolungsproblem beim Zweileiter-Dreischienen-Systems

Doch wo liegen die Vor- und Nachteile beider Systeme für den Gebrauch im Regelunterricht? Für Tiedtke hat Wechselstrombetrieb über das Zweileiter-Dreischienen-System zwei Vorteile gegenüber des Gleichstroms über zwei Leiter. Zum einen können Lokomotiven durch den Schleifer Schmutzablagerungen auf den Punktkontakten entfernen, was die Fahreigenschaften kaum beeinträchtigt, falls doch etwas Schmutz auf einen der beiden anderen Gleise liegt. Und zum anderen ist es durch dieses System möglich, Kehrschleifen oder Gleisdreiecke ohne schaltungstechnische Probleme zu realisieren. Während diese Gleisfiguren beim Zwei-Leiter-Gleichstrom-System ohne entsprechende Schaltungsvorrichtungen zu Verpolungen und damit zu Kurzschlüssen führt, besteht diese Gefahr beim Zweileiter-Dreischienen-System nicht (vgl. Tiedtke 2005, S. 21). Damit bietet das Zweileiter-Dreischienen-System eine unkomplizierte und risikofreie Handhabung für Kinder im Grundschulalter.

Bezüglich des Fahrbetriebes gibt es bei der Modelleisenbahn zwei Möglichkeiten. Die Steuerung auf einer Anlage kann entweder in analoger oder in digitaler Form erfolgen. Die analoge Steuerung bezeichnet, laut Lexikon der Modelleisenbahn, „eine Steuerung, bei der sich der Wert der gesteuerten Größe innerhalb festgelegter Grenzen, den Minimal- und Maximalwerten, – bei der Modell[eisen]bahn z.B. die Fahrspannung zwischen 0 und 12 V –, beliebig ändern kann" (Hoße et al. 2020d; Einschub: Verfasser). Die analoge Steuerung ist die klassische Form des Modelleisenbahn-Betriebs, bei der die Spannung, welche der Motor der Lokomotive erhält und die ihn antreibt, über die Schienengleise geführt und über einen regelbaren Transformator gesteuert wird. Für Grimmel und Mitarbeiter stellt sich die analoge Steuerung in der Form dar, dass sich eine Lokomotive nach dem Anschließen des Transformators an die zuvor zusammengesteckten Schienen steuern lässt. Beim Aufstellen einer zweiten Lokomotive fahren beide je nach Spannungszufuhr in dieselbe Richtung und je nach abweichenden Gewicht, Bauform und Motorleistung mit unterschiedlichen Geschwindigkeiten, sodass ein ungewolltes Einholen unvermeidlich ist. Um dies zu umgehen, werden oft Trenngleise eingefügt, was jedoch bei größeren Anlagen einen hohen Aufwand erfordert. (vgl. Grimmel et al. 2012, S. 22).

3. Problem: die Wahl des geeigneten Steuerungssystems - analog vs. digital!

Vorteile digitaler Steuerung: keine aufwändigen Trenngleise und die Möglichkeit unabhängigen Steuerns mehrerer Loks

Die digitale Steuerung definiert das Lexikon der Modelleisenbahn als „eine Steuerung, bei welcher der Wert der gesteuerten Größe digital beeinflusst wird. Dazu werden digitale Steuersignale benutzt" (Hoße et al. 2020e). Grimmel und Mitarbeiter stellen dieses Steuersystem durch das Prinzip von Sender und Empfänger dar, indem „[d]ie Schienen dabei sowohl der Stromversorgung des Triebfahrzeugs als auch der Übertragung der Steuerinformationen vom Sender zum Empfänger [dienen]" (Grimmel et al. 2012, S. 22 f.; Umstellung: Verfasser). Der Empfänger ist ein in der Lokomotive eingebauter Decoder, der eine digitale Adresse besitzt und vom Fahrregler (Sender) angesteuert wird. So lassen sich Fahrtrichtungen und Geschwindigkeiten mehrerer Lokomotiven unabhängig voneinander steuern. Zudem werden Trenngleise o.Ä. bei der digitalen Steuerung nicht mehr benötigt (vgl. ebd., S. 23). Die Abbildung 2 zeigt die Steuerung im analogen und im digitalen System.

Vorteile der digitalen Steuerung im Kontext der Grundschule

Abbildung 2: Die analoge und digitale Steuerung

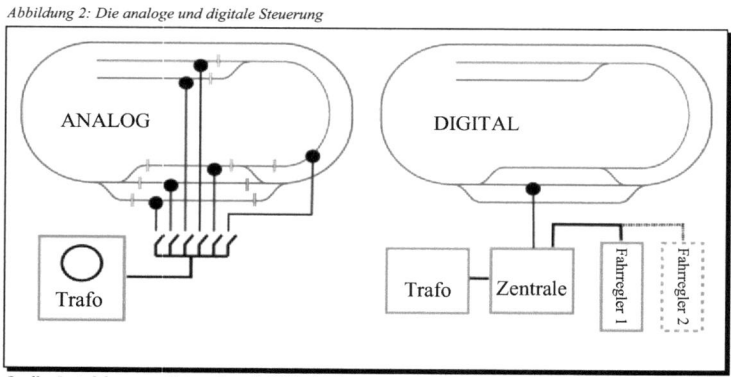

Quelle: In Anlehnung an Grimmel et. Al. 2012, S. 22

Während beim analogen Steuersystem verschiedene Streckenabschnitte durch Unterbrechergleise getrennt und einzeln, je nach Schaltung, mit Strom versorgt werden müssen, kann die Stromversorgung beim digitalen Steuersystem an einer Gleisstelle erfolgen. Im Vergleich zur analogen Steuerung ist zwar die digitale Steuerung kostenintensiver, besitzt jedoch zwei Vorteile, wenn eine Modelleisenbahn im Kontext der Grundschule von den Schülerinnen und Schüler gebaut werden soll. Einerseits können mehrere

Züge gleichzeitig in verschiedene Richtungen auf der Anlage gesteuert werden, ohne dass eine für die Grundschulkinder komplizierte Verkabelung über Trenngleise erforderlich ist. Andererseits bieten Lokomotiven im digitalen Betrieb die Möglichkeit, realistische Klangwelten durch unterschiedliche Soundoptionen zu gestalten.

2.1.3 Anlagenform

Unmittelbar mit der Modelleisenbahn im weitesten Sinne ist der dazugehörige Anlagenbau verbunden (siehe Abschnitt 2.1.1). Unter den Modelleisenbahnern gibt es ebenfalls viele verschiedene Anlagenformen, diese werden auch Anlagenvariationen oder Anlagenkonzepte genannt. Die Anlagenform ist, laut Lexikon der Modelleisenbahn, die „äußere Form der Anlagengrundfläche" (Hoße et al. 2020f). Unter den gängigsten Formen zählen die „Rechteckanlage, [die] L-förmige, [die] U-förmige [und die] An-der-Wand-entlang-Anlage" (ebd.; Einschübe: Verfasser). Fleischer unterteilt die Anlagenformen jedoch in fünf gebräuchliche Kategorien: die Rechteckanlage, die Anlage über Eck, die Dreiecksanlage, die Anlage an der Wand entlang und die Anlage in Zungenform (vgl. Fleischer 2011, S. 11). Auch Strüber (2005) unternimmt den Versuch einer Kategorisierung von Anlagenformen. So beginnt er mit der klassischen Rechteckanlage und definiert die weiteren Anlagenformen aufgrund des zur Verfügung stehenden Raumes. Im Folgenden soll eine Klassifizierung nach Strüber vorgenommen werden.

4. Problem: die Wahl der Bauweise aufgrund des zur Verfügung stehenden Platzes

Abbildung 3: Rechteckanlage im Raum

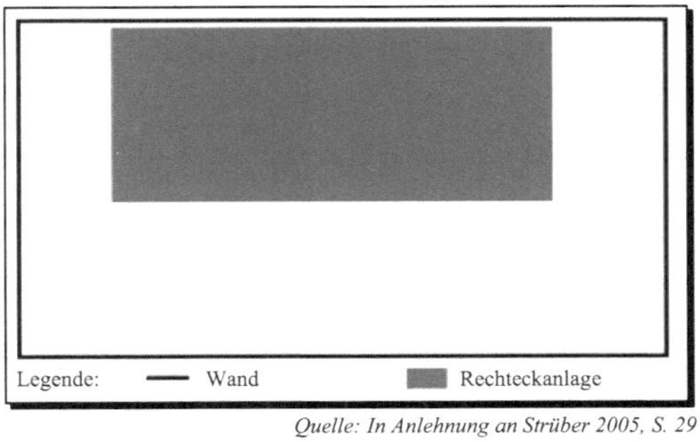

Legende: —— Wand   ▉ Rechteckanlage

Quelle: In Anlehnung an Strüber 2005, S. 29

Abbildung 3 zeigt eine gedachte Größe einer klassischen Rechteckanlage für die Spurweite H0 in Relation zu einem Innenraum.

platzsparende alternative Anlagenformen

Die Rechteckanlage zählt laut des Lexikons der Modelleisenbahn zu den geschlossenen und am verbreitetsten Anlagenformen. Jedoch ist diese für eine vorbildgetreue Anlagengestaltung weniger geeignet. Zusätzliche Nachteile bestehen durch eine verringerte Überschaubarkeit, den kleine Gleisradien sowie durch eine Beeinträchtigung der Zugänglichkeit (vgl. Hoße et al. 2020g). Auch Strüber bemängelt die Zugänglichkeit bei der Rechteckanlage, wenn es bspw. darum geht, einen im hintersten Anlagenteil entgleisten Zug zu bergen, da die Gefahr besteht, Teile im vorderen Bereich der Anlage unbeabsichtigt und unerwünscht zu beschädigen. Daneben sieht er bei dieser

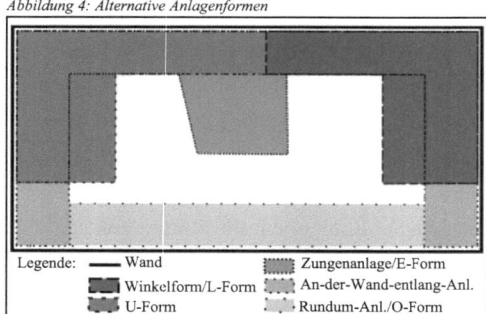

Abbildung 4: Alternative Anlagenformen

Legende: —— Wand ▦ Zungenanlage/E-Form ▦ Winkelform/L-Form ▦ An-der-Wand-entlang-Anl. ▦ U-Form ⋯ Rundum-Anl./O-Form

Quelle: In Anlehnung an Strüber 2005, S. 30-32

Anlagenform das Risiko eines zu schnell aufkommenden Verlustes des Interesses an der Anlage (vgl. Strüber 2005, S. 30–31). Die Abbildung 4 zeigt alternative Anlagenformen in Relation zum Innenraum.

An-der-Wand-entlang-Anlage in der Grundschule durchaus wählbar

Komplementär zur Rechteckanlage ist dagegen die An-der-Wand-entlang-Anlage. Sie ist laut des Lexikons der Modelleisenbahn eine „vorteilhafte Anlagenform, die eine Variante der offenen Anlagenformen darstellt und auf Bahnhofsbrettern und Streckenbrettern an den Wänden entlang aufgebaut wird" (Hoße et al. 2020h). Neben der Möglichkeit einer wirklichkeitsnahen Streckenführung besitzt diese Anlagenform den Vorteil, Landschaften realistischer zu gestalten (vgl. ebd.). Einen weiteren Vorteil dieser Anlagenform sieht Krüger darin, dass die Anlage beliebig erweitert werden kann. Daher ist hierbei die Modulbauweise vorzuziehen (vgl. Krüger 2000, S. 22). Laut Fleischer „entscheiden die vorhandenen Platzverhältnisse über die Größe und Form der künftigen Anlage" (Fleischer 2011, S. 11). So ist der zur Verfügung stehende Platz in einer Grundschule ausschlaggebend für die Wahl der Anlagenform.

2.1.4 Modulbauweise

Laut der Definition des Lexikons der Modelleisenbahn „[bestehen] nach die- *Verfahren der* ser Art aufgebaute Modellbahnanlagen aus transportablen Anlagen-Teilstü- *Modulbauweise* cken bestimmter Größe mit genormter Anschlussfläche" (Hoße et al. 2020i Umstellung: Verfasser). Diese Bauweise besticht durch ihre Dynamik bzgl. Austauschbarkeit der einzelnen Anlagenteile (vgl. ebd.). Für Meier liegt der Vorteil der Modulbauweise darin, eine Anlage „Stück für Stück nacheinan- der fertig[zu]stellen, einfach [zu] demontieren und [zu] transportieren und [...] ohne Problem [zu] ergänzen und [zu] erweitern" (Meier 2015, S. 23; Auslassung und Einschübe: Verfasser). Die Abbildung 5 zeigt das Ver- fahren der Modulbauweise, bei die einzelnen Module aneinandergefügt wer- den.[3]

Abbildung 5: Modulbauweise

Die Modulbau- weise: mobil, platzsparend und beliebig erwei- terbar

Quelle: Eigene Darstellung

Da es sich bei der Modulbauweise um eine platzsparende und mobile Mög- lichkeit handelt, ist diese Bauweise für einen Einsatz in Unterrichtsräumen der Grundschule geeignet. Darüber hinaus ergeben sich viele Variations- möglichkeiten bzgl. der Anordnung und der Gestaltung der Module. Jedoch schränkt es die Möglichkeiten der Gestaltung von Gleisfiguren ein, die im Folgenden näher beleuchtet werden sollen.

---

[3] Anmerkung: Die Abbildung 5 entstand unter Verwendung des 3D-Modellbahn Studios in Verbindung mit 3D- Modellen, die von Mitgliedern der dahinterstehenden Community geschaffen wurden.

2.1.5 Gleisfiguren und -verläufe

Laut Hoße und Mitarbeiter bezeichnet die Gleisfigur „verschiedene Darstellungsmöglichkeiten der Gleisanlage" (Hoße et al. 2020j, S. 98). Dabei lassen sich die Gleisfiguren in drei Hauptgruppen unterteilen:

1. die geschlossene Gleisfigur: ein klassisches Gleisoval in verschiedenen Formen und Größen

2. die offene Gleisfigur: eine Gleisführung, die zwei Endbahnhöfe miteinander verbindet und dem betrieblichen Vorbild am nächsten kommt

3. die kombinierte Gleisfigur: die Gleisführung, die sich am häufigsten auf Modelleisenbahnanlagen finden lässt und bei der die Hauptstrecke durch ein Oval definiert wird und eine am Zwischenbahnhof abgehende Nebenstrecke in einem Endbahnhof mündet (vgl. ebd.)

Wird die Modulbauweise für eine Modelleisenbahn gewählt, wird die Gleisfigur eingeschränkt, da auf einem Modul lediglich ein Ausschnitt einer Gesamtanlage darstellbar ist. Zudem bietet ein einzelnes Modul oft Platz für nur eine oder zwei Schienentrassen. Daher ergeben sich für die Modulbauweise zwei Möglichkeiten aus den oben genannten Gleisfiguren. Die erste Möglichkeit ist eine Stauchung der geschlossen Gleisfigur, sodass ein Gleis über zwei Wendeschleifen ein gestauchtes Oval ergeben – im Fachjargon wird dies auch aufgrund des äußeren Aussehens als Hundeknochen(-prinzip) bezeichnet. Die zweite Möglichkeit bildet die Anwendung der offenen Figur, bei der ein Endbahnhof mittels ein oder zwei Gleise über mehrere Module mit einem zweiten Endbahnhof verbunden wird. Die Abbildung 6 zeigt eine Gegenüberstellung des Prinzips Hundeknochen mit dem Prinzip des offenen Gleisverlaufs.

Beide Prinzipien bieten die Möglichkeit, im jeweils mittleren Bereich beliebig viele Module miteinander zu kombinieren und aneinanderzureihen. In
der Abbildung 6 wird dies durch die gestrichelten Linien als Überbrückung dargestellt. Bei der Wahl der digitalen Steuerung

Geschlossene vs. offene Gleisfigur: die offene Figur macht aus Platzgründen das Rennen!

Abbildung 6: Prinzipien des Gleisverlaufs in der Modulbauweise

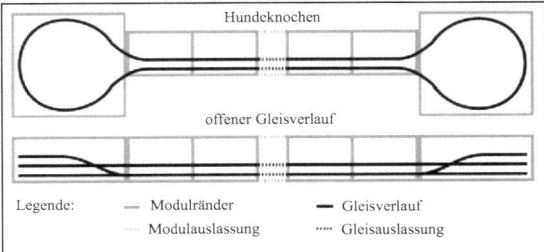

Quelle: Eigene Darstellung

mit dem Zweileiter-Dreischienen-Wechselstrom-System haben die offene
Gleisfigur sowie die Gleisfigur im Hundeknochen den Vorteil, dass sich
zwei Züge unabhängig voneinander in unterschiedliche Richtungen steuern
lassen, auch wenn die Gleise in den inneren Modulen durch Weichen miteinander verbunden sind. Mit dem Zwei-Leiter-Gleichstrom-System birgt dies
das Risiko der Verpolung (siehe Abschnitt 2.1.2). Das Prinzip des Hunde-
knochens hat gegenüber der offenen Gleisführung den Nachteil, dass die
beiden Enden durch die Radien der beiden Wendeschleifen viel Platz einnehmen. Daher ist für eine mögliche Umsetzung im Unterricht eher die Modulbauweise mit der offenen Gleisfigur zu wählen.

2.1.6 Landschaftsgestaltung

Unter dem Begriff Landschaftsgestaltung (oder auch Geländegestaltung)
wird laut Lexikon der Modelleisenbahn die „naturgetreue Wiedergabe eines
selbstgewählten Geländeausschnitts auf der Modellbahnanlage verstanden"
(Hoße et al. 2020k). Dabei „hängt die optische Wirkung einer Modellbahnanlage auf den Betrachter [von einer gelungenen Geländegestaltung] ab"
(ebd., Umstellung: Verfasser). Durch die Modulbauweise können einzelne
Module die Eigenschaft eines Dioramas besitzen (vgl. Ring 2010a, S. 35).
Unter einem Diorama in Bezug auf die Modelleisenbahn versteht Ring „eine
Szene, die eine bestimmte Betriebssituation darstellt oder einen Land-

Von der Landschaftsgestaltung im Großen zum Dioramenbau im Kleinen schaftsteil wiedergibt" (ebd.). Unbehaun nennt drei Typen von Dioramen – das stationäre, das transportable und das temporäre Diorama (vgl. Unbehaun 2005, S. 7–8). Bei einem stationären Diorama handelt es sich um einen Bestandteil, der in einen bestimmten Teil der Modelleisenbahnanlage eingebettet ist und sich in das Gesamtbild einfügt. Dabei kann ein Diorama ein Segment oder ein Modul der Anlage sein (vgl. ebd., S. 7). Beim transportablen Typ „handelt es sich um eigenständige, nicht vorrangig für den Einbau in Modellbahnanlagen vorgesehene Dioramen mit variablen Basismaßen, Inhalten und Maßstäben" (ebd.). Die Funktion dieses Dioramentyps liegt darin, ein einzelnes Modell in Szene zu setzen (vgl. ebd.). Beim dritten Diorama lassen „sich die Bestandteile des temporären Aufbaus nach dem Ersteinsatz durch entsprechende Überarbeitung anderweitig weiterverwenden oder einer ‚Zustandsänderung' (vorzugsweise als Anlagenmodul oder Schaustück) unterziehen" (ebd., S. 7 f.; Hervorhebung: i.O.). Aufgrund der Definition dieser Dioramentypen stellt die Modulbauweise eine Hybride dar, da ein Modul ein Bestandteil einer ganzen Anlage (stationär) sein, das Augenmerk auf einen bestimmten Aspekt lenken und als einzelner Gegenstand gut verstaut (transportabel) werden kann.

Der Gang nach draußen: eine oft gewünschte und unabdingbare Abwechslung.

Mit der Landschaftsgestaltung und der mit ihr verbundene Bau von Dioramen ist auch die Gebäudegestaltung verbunden. Bezüglich der Gebäude *en miniature* gibt es ebenfalls zahlreiche Hersteller für Bausätze. Jedoch ist eine Aktivität der Modelleisenbahner, die nach Vorbild arbeiten und eine wirklichkeitsgetreue Nachbildung auf ihrer Anlage anstreben, der Ausflug zu den jeweiligen Vorbildern, um direkt Vermessungen des jeweiligen Objekts vorzunehmen. Vetter zählt die Gegenstände auf, die für den ersten Schritt zur vorbildgetreuen Nachbildung unerlässlich sind. Dazu gehören eine Fotokamera, eine genaue Karte der Umgebung, ein Gliedermaßstab (Zollstock), ein Bandmaß, ein Winkelmesser und diverse Schreibutensilien zur Dokumentation (vgl. Vetter 2005b, S. 33–34).

Fahrende Modellautos

Aber nicht nur die Züge können auf einer Anlage fahren. Für Ring zeichnet sich ein Trend ab, bei dem auch Modellautos mit einem integrierten Motor bei einer Modelleisenbahn im weitesten Sinne gesteuert werden können (vgl. Ring 2010b, S. 25). Dabei „[folgen die Fahrzeuge] über einen Magneten am Lenkhebel [...] einen in der Straße eingelassenen Fahrdraht" (ebd.; Auslassung und Umstellung: Verfasser). Demnach wäre es auch möglich, einen städtischen Verkehr im Modell darzustellen.

2.2   Modelleisenbahn als Spiel- und Lerngegenstand

2.2.1   Spielgegenstand

Ungeachtet dessen, dass es eine Freizeitaktivität darstellt, besitzt die Modelleisenbahn auch heute noch den Charakter eines Spielzeuges. Speziell für Kinder im Grundschulalter hat der Bau einer Modelleisenbahnanlage eine besondere Bedeutung neben dem Spielen. Die Modelleisenbahn wird oftmals auch als Spielzeug bezeichnet. Doch scheint dieser Begriff nicht auszureichen. Bereits Mieskes sieht den Begriff des Spielzeuges recht kritisch aufgrund von dessen Enge (vgl. Mieskes 1974, S. 25). So schlägt er die Einbindung des Oberbegriffes ‚Spielmittel' vor (vgl. Mieskes 1983, S. 391). Neben Mieskes finden auch Retter (Retter 1979, S. 211 f.) und Renner (Renner 2008, S. 187) den Oberbegriff des Spielmittels passend, wobei diese bei den Unterbegriffen unterscheiden (vgl. Mehringer/Waburg 2020, S. 22). Mehringer und Waburg sprechen von der Taxonomie des Begriffes und versuchen diese darzustellen (siehe Tabelle 2).

Die Modelleisenbahn: nicht nur ein bloßes Spielzeug

Tabelle 2: Spielmittel-Taxonomien nach Mieskes, Retter und Renner

	Mieskes (1983, S. 394)	Retter (1979, S. 211 f.)	Renner (2008, S. 187)
Spielmittel	Spielmaterial (Naturmaterial) Stoffe Materialien	Spielmaterialien	Spielmaterial
	Beschäftigungsmittel Hobbymittel Bastelmaterial Werkmittel Konstruktionsmaterial	Beschäftigungsmaterialien	
	Spielzeug	Spielzeug	Spielzeug
		Spiele	
	Geräte Apparate Bücher Mappen	Spielgeräte und Fahrzeuge	
			Spieldinge

Quelle: In Anlehnung an Mehringer/Waburg 2020, S. 23

Betrachtet man die Modelleisenbahn, so ergäbe sich hierfür nicht nur die Eigenschaft des Spielzeuges, sondern nach Mieskes' Einteilung auch des Beschäftigungs- und Hobbymittels sowie Bastel- und Konstruktionsma-

Die Modelleisenbahn in mehreren Perspektiven betrachtet

terials. So bildet die Modelleisenbahn mit dem mit ihr in Zusammenhang stehenden Anlagenbau ein vielperspektivisches Spielmittel. Sie kann daher nicht nur als reines Spielzeug betrachtet werden, sondern hat auch die Eigenschaft als Bastel- und Konstruktionsmaterial sowie als Gerät, Fahrzeug oder Spielding zu fungieren bzw. zu initiieren. Innerhalb der Freizeitgestaltung ist die Modelleisenbahn ein Hobbymittel, das für die Anlagengestaltung weiterer Bastelmaterialien, Werkmittel und Konstruktionsmaterialien bedarf. Gleichzeitig ist die Modelleisenbahn ein elektronisches Gerät neben der Technik, die sonst noch auf der Anlage Verwendung findet.

Die Modelleisenbahn: Bindeglied zwischen Spielen und Lernen

Als Spielmittel bietet die Modelleisenbahn die Möglichkeit, dass die Schülerinnen und Schüler im Grundschulalter ihren lernförderlichen Drang zum Spielen nachgehen können. So weisen Hauber und Zander darauf hin, dass ein enger Zusammenhang zwischen Spielen und Lernen besteht, der dazu führt, dass sich beide entwicklungspsychologisch bedingen (vgl. Hauber/Zander 2020, S. 175 f.). Im Zuge einer Auseinandersetzung mit der Modelleisenbahn im weitesten Sinne bekräftigen Hauber und Zander, dass „[es] beim Aufbau einer [solchen] darum [geht], die Geschicklichkeit, Feinmotorik und Koordination der Kinder zu schulen und ihr Interesse an Technik zu wecken" (ebd., S. 191; Einschub und Umstellungen: Verfasser). Da Schülerinnen und Schüler weniger Zeit für außerschulische Aktivitäten oder Hobbies in den Nachmittagsstunden haben, wurden im Zuge der ‚Initiative Spielen macht Schule' bereits viele Modelleisenbahn-AGs als Ganztagsangebot (GTA) in Grundschulen integriert, um die Schülerinnen und Schüler auch in diesen Zeiten zu fördern (vgl. ebd., S. 191 f.).

2.2.2 Lerngegenstand

Der Lerngegenstand zwischen deklarativem und prozeduralem Wissen

Für den Begriff des Lerngegenstandes gibt es verschiedene Termini wie Lehrstoff, Lernstoff oder Lehrgegenstand, welche oft synonym zueinander verwendet werden. Laut Tenorth und Tippelt wird unter dem Begriff Lerngegenstand der Lerninhalt [bezeichnet], der sich i.d.R. auf den Erwerb *deklarativen Wissens* bezieht. Mithilfe des [Lerngegenstands] werden Kenntnisse, Fertigkeiten und Kompetenzen [...] vermittelt. Ebenso kann mit [ihm] ein Inhalt bezeichnet werden, auf den sich das Interesse des Lerners ausrichtet" (Tenorth/Tippelt 2007b, S. 480; Auslassungen, Einschübe und Umstellung: Verfasser). Den Lerninhalt definieren Tenorth und Tippelt als „den konkreten Stoff bezüglich eines Lerngegenstandes. Der [Lerninhalt] kann in Lernzielkontrollen abgefragt werden. Aus psychologischer Sicht wird der [Lerninhalt] durch die Formen und Inhalte des Wissens (deklaratives und prozedurales Wissen) näher bestimmt" (Tenorth/Tippelt 2007d, S. 480; Einschübe: Verfasser). Doch lässt sich die Modelleisenbahn als Lerngegenstand für den Regelunterricht einbinden?

Deklaratives und prozedurales Wissen

Beim **deklarativen Wissen** „handelt es sich um Gedächtnisinhalte, die sich auf Informationen wie etwa Fakten und Ereignisse beziehen und über die eine Person Auskunft geben kann" (Tenorth/Tippelt 2007a). Laut Renkl „bezieht sich [das deklarative Wissen] auf [das] ‚Wissen, dass'. Dies kann sowohl einzelne Fakten umfassen [...] als auch komplexes Zusammenhangswissen" (Renkl 2015, S. 4; Hervorhebung: i. O.; Auslassung und Einschübe: Verfasser).

Prozedurales Wissen ist das „Verfahrenswissen [oder auch] handlungsleitendes W[issen] [und beinhaltet] Gedächtnisinhalte, welche den (automatisierten) Ablauf einer Handlung steuern (‚Wissen-wie'; z.B. Schreiben). Im Gegensatz zum deklarativen W[issen] kann die Person über die Struktur und den Inhalt ihres p[rozeduralen] W[issens] keine genaue Auskunft geben" (Tenorth/Tippelt 2007c; Hervorhebung: i.O.; Auslassungen und Einschübe: Verfasser). Renkl definiert es ebenfalls als das „'Wissen, wie', also etwas, das man in der deutschen Alltagssprache meist als Können bezeichnet" (Renkl 2015, S. 4; Hervorhebung: i. O.).

*Brandl (2016)
und Grellmann
(2018): erste di-
daktische Annäh-
rungen zur Mo-
delleisenbahn*

Sowohl Brandl (2016) in seiner Dissertation als auch Grellmann (2018) in seiner Einführung der Elektrotechnik sehen in der Modelleisenbahn einen Lerngegenstand für den Unterricht. Grellmann benutzt die Modelleisenbahn eher dazu, diesen Gegenstand mit anderen physikalischen und mathematischen Lerngegenstände durch Experimente zu verbinden. So nimmt er bspw. die Modelleisenbahn im erweiterten Sinne, um daran die drei physikalischen Grundelemente der Elektronik (Strom, Spannung und Widerstand) experimentartig zu erklären (vgl. Grellmann 2018, S. 1–54). Während der unterrichtliche Modelleisenbahneinsatz bei Grellmann darauf ausgerichtet ist, diesen Gegenstand lediglich im engen und erweiterten Sinne mit seinen Teilkomponenten für den Physik- und Mathematikunterricht einzusetzen, erweitert Brandl die didaktische Sicht, indem er neben den allgemein pädagogischen Kompetenzzuwächsen auch geeignete fachdidaktische Lehrplanbezüge zu anderen Fächern herstellt, z.B. die kreative Landschaftsgestaltung für die bildnerische Erziehung (vgl. Brandl 2016, S. 78). Kritisch zu betrachten ist, dass es sich bei Grellmann um eine Ansammlung experimenteller Zugänge für den Physik- bzw. Mathematikunterricht und bei Brandl lediglich um eine Dissertation handelt. Beide setzen den unterrichtlichen Einsatz dieses Lerngegenstandes erst für die Sekundarstufen fest. Sie gehen nicht auf den Einsatz dieses Gegenstandes in der Primarstufe ein.

Aber gerade der Gedanke, dass die Modelleisenbahn im weitesten Sinne einen pädagogischen sowie didaktischen Weg zu den verschiedensten Themenbereichen darstellen kann, erweitert die potenziellen Möglichkeiten. Und so ist die Modelleisenbahn nicht nur als reiner Lerngegenstand sondern auch als vielperspektivischer Lerngegenstand zu betrachten, der Verbindungen zu weiteren Lerngegenständen bzw. Themenbereichen anregen und herstellen kann. Wie diese Verbindungen innerhalb der Grundschule bzw. des Regelunterrichts im Detail aussehen können, soll im folgenden Kapitel näher beleuchtet werden.

Literaturempfehlungen

Bücher

Grumpe, H.-U./Ippen, R./Knipper, R./Koch, S./Kuhl, L./Mauer, T./Meier, H./Rieche, B./Rieche, S./Stehr, U. (2016): Modellbahn-Anlagen: Planung - Bau - Gestaltung. Königswinter: Heel Verlag.
ISBN: 978-3-95843-195-9

Hoße, M./Dahl, C./Schäller, H.-D./Schnitzer, J./Lieb, U. (2020): Lexikon der Modelleisenbahn. Spezialausgabe, 1. Auflage. Stuttgart: transpress.
ISBN: 978-3-613-71558-5

Lieb, U. (2018): Modellbahn-Lokomotiven: Pflegen, warten und erhalten. 1. Auflage. Stuttgart: Transpress.
ISBN: 978-3-613-71568-4

Mauer, T. (2022): Modelleisenbahn – Modellbahnbau in Perfektion: Landwirtschaft und Bauernhöfe. Ideen, Tipps, Projekte. München: VGB (Verlagsgruppe Bahn), GeraMond.
ISBN: 978-3-96453-543-6

Menke, M./Wieland, P. (2019): 101 Dinge, die ein Modell-Eisenbahner wissen muss. 1. Auflage. München: GeraMond Verlag.
ISBN: 978-3-95613-064-9

Pütz, T. (2019): Einführung in die Digitale Modellbahn: Grundlagen und Praxis Schritt für Schritt erklärt. Fürstenfeldbruck, Essen: VGB, Verlagsgruppe Bahn GmbH Klartext.
ISBN: 978-3-8375-2129-0 oder 978-3-96968-013-1

Senn, Marc (2022): Modelleisenbahn - Modellbau in H0 (1:87). Wil: tredition.
ISBN: 978-3-347-69652-5 (digital), 978-3-347-69651-8 (gebunden)

Zinngrebe, R./Zarges, F. (2021): Das große Praxishandbuch Modellbahn : Planung, Gestaltung, Betrieb. Aktualisierte und erweiterte Neuausgabe. München: GeraMond.
ISBN: 978-3-96453-070-7

Web und PDF

Hörz, Peter F. N. (Hrsg) (2016): Eisenbahn Spielen! Populäre Aneignungen und Inszenierungen des Schienentransports in großen und kleinen Maßstäben. Göttingen: Universitätsverlag Göttingen (=Göttinger Studien zur Kulturanthropologie/Europäischen Ethnologie Bd. 3).

PDF unter: https://library.oapen.org/bitstream/id/6199bfea-3b05-4f96-82b7-bdc9a1e91e7b/KAEE3_hoerz.pdf (Stand: Februar 2023)

Stumm, R. (2005-): Stummis Modellbahnforum. Webforum unter: https://www.stummiforum.de/

3 BILDUNGSPOTENZIALE

Im zweiten Kapitel wurde festgestellt, dass die Modelleisenbahn im engeren, erweiterten und weitesten Sinne einen Gegenstand darstellen kann, der theoretisch in den Räumlichkeiten einer Grundschule verwendbar wäre. Die wissenschaftlich fundierte Einbindung in den Regelunterricht blieb jedoch bislang aus, auch wenn Brandle und Grellmann Ansätze bieten. Daher sollen in diesem Kapitel jene Aspekte beleuchtet werden, welche die Potenziale der Modelleisenbahn im weitesten Sinne für den Grundschulunterricht darstellen und die Einbindung in den Regelunterricht pädagogisch und didaktisch rechtfertigen. Zunächst sollen die Potenziale der Modelleisenbahn im Hinblick auf den Erwerb der Modellkompetenz und auf den Beitrag zur MINT- bzw. MINKT-Bildung untersucht werden, um fachdidaktische und lehrplanbezogene Anknüpfungspunkte im Sachunterricht und anderen ausgewählten Fächern (Deutsch, Mathematik, Kunst und Werken) ausfindig zu machen. Unter der Betrachtung des inklusionsdidaktischen Netzes nach Kahlert sollen geeignete Themenbereiche skizziert werden, die für eine Einbindung der Modelleisenbahn im Unterricht in Betracht kommen können. Am Ende des Kapitels sollen Aspekte des Projektunterrichts bzw. projektartigen Unterrichts betrachtet werden, die für eine Umsetzung der Modelleisenbahn in Betracht kommen und die Grundlagen für die Projektkonzeption (siehe Kapitel 5) bilden.

3.1.1 Modellkompetenz

Bereits in der Bezeichnung ‚Modelleisenbahn' befindet sich der Begriff ‚Modell'. Doch was verbirgt sich dahinter? Ist es nur ein physisches Objekt oder wohnt ihm ein lernpsychologisches Potenzial inne? Zunächst soll es um den Modellbegriff gehen. Gilbert und Justi definieren den Begriff des Modells in zweierlei Hinsicht. Zum einen wird unter dem Begriff eine repräsentative, mentale Bedeutung verstanden, die auf die Verhaltenspsychologie zurückgeht. So handelt es sich bei mentalen Modellen um Darstellungen von Objekten, Ereignissen oder Prozessen, die in gewissem Maße eine ähnliche Struktur haben wie das, was in der erlebten Welt repräsentiert wird. Zum anderen kann ein Modell auch die Bedeutung von Artefakt tragen. Darunter verstehen Gilbert und Justi, dass mentale Modelle von Menschen hergestellte Artefakte zur Wissensvermittlung sind, die normalerweise in irgendeiner Art und Weise materialisiert werden, um sie mit anderen zu teilen. Diese Modelle versuchen, die Welt als Erfahrung durch Imaginationsimpulse darzustellen (vgl. Gilbert/Justi 2016, S. 83). Für die erst genannte, mentale Bedeutung, gibt es in der Psychologie den Begriff des ‚Konzepts'. Gilbert und Justi nennen es die interne Repräsentation, die sich durch die Perzeption einer externalen Repräsentation und der kognitiven Verarbeitung ergeben (vgl. ebd., S. 122). Die Perzeption geschieht durch die fünf Sinne, wobei das Fühlen, Sehen und Hören die stärksten gegenüber dem Riechen und Schmecken darstellen (vgl. ebd., S. 123). Das bedeutet, dass äußere Objekte, egal ob Original oder Modell, zu inneren mentalen Modellen führen.

Die Modellkompetenz: reale und mentale Modellen

Seit einigen Jahren wird mit dem Begriff der Modellkompetenz im Zusammenhang mit den naturwissenschaftlichen Fächern in den Sekundarstufen gearbeitet. Dabei leiten viele die Modellkompetenz anhand des Kompetenzbegriffs nach Weinert (2001) ab. Weinert definierte Kompetenz als

Der Ruf nach der Modellkompetenz in den naturwissenschaftlichen Fächern

> die bei Individuen verfügbaren oder durch sie erlernbaren kognitiven Fähigkeiten und Fertigkeiten, um bestimmte Probleme zu lösen, sowie die damit verbundenen motivationalen, volitionalen und sozialen Bereitschaften und Fähigkeiten, um die Problemlösungen in

variablen Situationen erfolgreich und verantwortungsvoll nutzen zu können. (Weinert 2014, S. 27 f.)[4].

Modellarbeit, Modellwissen und Modellver-ständnis als Schlüsselkompo-nente der Mo-dellkompetenz nach Meisert.

Meisert untersuchte die Modellkompetenz von Neuntklässlerinnen und -klässlern im Fach Biologie. Dabei geht er von drei Elementen für die Arbeit mit Modellen aus – das Modellverständnis, das Modellwissen und die Mo-dellarbeit. Diese sind nach Meisert essentiell für die Modellkompetenz (vgl. Meisert 2008, S. 245). Die Abbildung 7 zeigt die drei Elemente sowie ihre Wechselwir-kungen nach Meisert.

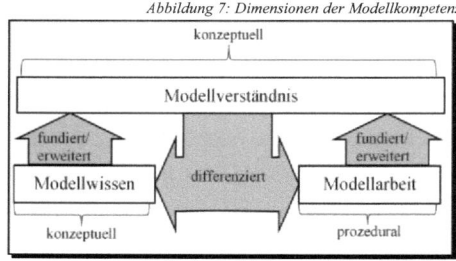

Abbildung 7: Dimensionen der Modellkompetenz

Quelle: In Anlehnung an Meisert 2008, S. 245

Gegenseitige Wechselwirkung der drei Kompo-nente

Laut Meisert „[sind] [d]iese drei Schwerpunkte [...] nicht als separate Lern-felder, sondern als sich fundierende, gegenseitig differenzierende und erwei-ternde Teilkompetenzen zu verstehen" (ebd.; Abänderung, Auslassung und Umstellung: Verfasser). Bei seine Untersuchung fand Meisert positive Ef-fekte.

Offensichtlich können Lernende durch die konkrete Auseinander-setzung mit Modellen und Modellarbeit erste Ansätze eines adäqua-ten Modellverständnisses selbstständig entwickeln; analog zu posi-tiven Effekten der Modellarbeit auf das Modellverständnis werden demnach auch durch Modellwissen entsprechende Grundlagen ge-legt. Konkrete Erfahrungen im Bereich Modellarbeit und Modell-wissen können demzufolge eine wichtige Basis für die Aneignung abstrakterer wissenschaftstheoretischer Konzepte schaffen (ebd., S. 258).

Weitere Ausdiffe-renzierung des Kompetenzbe-griffs durch Up-meier zu Belzen und Krüger (2010)

In ihre Überlegungen binden Upmeier zu Belzen und Krüger den von Weinert (2001) definierten Kompetenzbegriff ein, welcher sowohl kognitive Elemente und motivationale, willenskräftige und soziale Bereitschaft als auch die damit verbundenen Fähigkeiten zum erfolgreichen Problemlösen beinhaltet (vgl. Upmeier zu Belzen/Krüger 2010, S. 48).

---

[4] Anmerkung: Die Publikation von 2014 ist die dritte aktualisierte Auflage von Weinert. Die erste Auflage er-schien 2001 und beinhaltete die gleiche Definition.

> Modellkompetenz umfasst die Fähigkeiten, mit Modellen zweckbe-
> zogen Erkenntnisse gewinnen zu können und über Modelle mit Be-
> zug auf ihren Zweck urteilen zu können, die Fähigkeiten, über den
> Prozess der Erkenntnisgewinnung durch Modelle und Modellierun-
> gen [...] zu reflektieren sowie die Bereitschaft, diese Fähigkeiten in
> problemhaltigen Situationen anzuwenden (ebd., S. 49; Auslassung:
> Verfasser).

Sie teilen die Dimensionen der Modellkompetenz in zwei Bereiche ‚Kenntnisse über Modelle ‘ und ‚Modellbildung‘ ein, wobei diese jeweils in Teilkompetenzen untergliedert werden. Anhand dieser zwei Dimensionen mit
den jeweils dazugehörigen Teilkompetenzen leiten Upmeier zu Belzen und
Krüger drei Niveaustufen ab (vgl. ebd., S. 50-53). Die Tabelle 3 zeigt die
Struktur der Modellkompetenz nach Upmeier zu Belzen und Krüger.

*Die Modellkom-
petenz im Span-
nungsfeld zwi-
schen ‚Lernen
über Modelle‘
und ‚Modell-
kenntnis‘ sowie
zwischen den
drei Niveaustufen*

Tabelle 3: Struktur und Niveaus der Modellkompetenz

Komplexität / Teilkompetenz	Niveau I	Niveau II	Niveau III
Kenntnisse über Modelle			
Eigenschaften von Modellen	Modelle sind Kopien von etwas	Modelle sind idealisierte Repräsentationen von etwas	Modelle sind theoretische Rekonstruktionen von etwas
Alternative Modelle	Unterschiede zwischen den Modellobjekten	Ausgangsobjekt ermöglicht Herstellung verschiedener Modelle von etwas	Modelle für verschiedene Hypothesen
Modellbildung			
Zweck von Modellen	Modellobjekt zur Beschreibung von etwas einsetzen	Bekannte Zusammenhänge und Korrelationen von Variablen im Ausgangsobjekt erklären	Zusammenhänge von Variablen für zukünftige neue Erkenntnisse voraussagen
Testen von Modellen	Modellobjekt überprüfen	Parallelisieren mit dem Ausgangsobjekt, Modell von etwas testen	Überprüfen von Hypothesen bei der Anwendung, Modell für etwas testen
Ändern von Modellen	Mängel am Modellobjekt beheben	Modell als Modell von etwas durch neue Erkenntnisse oder zusätzliche Perspektiven revidieren	Modell für etwas aufgrund falsifizierter Hypothesen revidieren

Quelle: In Anlehnung an Upmeier zu Belzen/Krüger 2010, S. 53

Upmeier zu Belzen und Krüger unterscheiden in ihrer Darstellung neben den
drei Niveaustufen, welche sich trotz der Konzentration auf den Biologieunterricht auch auf andere Fächer übertragen lassen, auch die drei Perspektiven, welche ebenfalls in Tabelle 3 farblich hervorgehoben sind – die Perspektive auf das Modellobjekt durch Hellgrau, die Herstellerperspektive
durch Mittelgrau und die Anwendungsperspektive durch Dunkelgrau farblich hervor (vgl. ebd., S. 53). Mit der Modelleisenbahn im weitesten Sinne
ist theoretisch davon auszugehen, dass sich die Förderung der Modellkom-

petenz in der ersten und zweiten Niveaustufe sowohl bei den Kenntnissen über Modelle als auch bei der Modellbildung und in Verbindung mit der Perspektive auf das Modellobjekt sowie mit der Herstellerperspektive vollziehen kann.

Der Erwerb der Modellkompetenz – auch im Sachunterricht gefordert

Gilbert, Justi, Meisert, Upmeier zu Belzen und Krüger legen gute Begründung dar, um die Modellkompetenz bereits in der Schule anzusetzen. Doch gerade in der Primarstufe ist der bisherige Forschungsstand recht überschaubar. Sowohl durch internationale als auch durch nationale Forschungsergebnisse verweist Conrads darauf, dass die Modellkompetenz von Schülerinnen und Schülern bis zum Ende der Schulzeit sehr schwach ausgeprägt ist (vgl. Conrads 2011, S. 3). Diesbezüglich fordert sie den Erwerb von Modellkompetenzen als ein Bildungsziel für den Sachunterricht (vgl. ebd., S. 6). Auch für Haider sind Modelle von zentraler Bedeutung für die Naturwissenschaften innerhalb des Sachunterrichts.

Einteilung der Modellkompetenz für den naturwissenschaftlichen Sachunterricht in zwei Bereiche: allgemeine und spezielle Modellkompetenz

In ihrer Studie definiert sie zunächst den Modellbegriff und leitet dann wesentliche Teilbereiche der Modellkompetenz für die weitere empirische Untersuchung ab. Zum einen sind Modelle eine Methode der Wissenschaft bzw. „ein wesentliches methodisches Werkzeug zum Betreiben von Naturwissenschaft" (Haider 2019, S. 13). Zum anderen können Modelle auch ein Produkt der Wissenschaft sein, durch die komplexe Phänomene interpretiert und idealisiert dargestellt werden (vgl. ebd.). Darüber hinaus „stellen [Modelle] anderen Personen Informationen zu naturwissenschaftlichen Objekten oder Sachverhalten zur Verfügung [und sind] als Produkt der Wissenschaft [...] ein Mittel der Erkenntnisvermittlung" (ebd. S. 14; Einschübe und Auslassungen: Verfasser; Hervorhebung: i.O.). Ausgehend von bisherigen Untersuchungen und Kategorisierungsversuchen[5] teilt Haider die Modellkompetenz für den naturwissenschaftlichen Sachunterricht in zwei Bereiche ein – die allgemeine Modellkompetenz und die spezifische Modellkompetenz. Während die allgemeine Modellkompetenz das metakognitive Wissen über

---

[5] Anmerkung: Haiders Kategorisierungsversuch bzgl. der Modellkompetenz(en) für den Sachunterricht leitet sie anhand der bis dato durchgeführten Untersuchung und Kategorisierung ab, welche überwiegend im Bereich der weiterführenden Schulen durchgeführt wurden bzw. entstanden. Dabei schließt sie sowohl Meisert (2008) als auch Upmeier zu Belzen und Krüger (2010) in ihre Überlegungen ein (vgl. Haider 2019, S. 77 f.).

Modell sowie deren Eigenschaften beinhaltet, konzentriert sich die spezifische Modellkompetenz auf die Fähigkeiten bzgl. des Umgangs bzw. der Handhabung von Modellen (vgl. ebd., S. 110). Die Tabelle 4 zeigt die von Haider differenzierten Kompetenzen bzgl. der Modellkompetenz.

Tabelle 4: Klassifikation der Modellkompetenzen nach Haider

ALLGEMEINE MODELLKOMPETENZ (metakognitives Wissen über Modelle)	SPEZIFISCHE MODELLKOMPETENZ (Umgang mit Modellen)
• Modellbegriff • Arten/Realisierungsformen von Modellen • Eigenschaften von Modellen (Ähnlichkeiten, Unterschiede, Vereinfachungen, Idealisierungen) • Zweck von Modellen • Gültigkeit und Grenzen von Modellen	• Aufbau und Funktion des Modells • Transfer zwischen Modell und Realität • Nutzung des Modells für die Erkenntnisgewinnung

Quelle: In Anlehnung an Haider/Haider 2018, S. 7; Haider 2019, S. 103–109

In Ihrer Untersuchung stellt Haider fest, dass sowohl das *Lernen über Modelle*

Förderung der Modellkompetenz durch ‚Lernen über Modelle‘ und ‚Lernen von Modellen‘

als auch das *Lernen von Modellen* zur Förderung der Modellkompetenz bei Schülerinnen und Schülern beiträgt (vgl. ebd., S. 279). Doch Haider sowie Conrads bleiben bei ihren Darlegungen für den Ausbau der Modellkompetenz bei Schülerinnen und Schülern nur in der naturwissenschaftlichen Perspektive des Sachunterrichts.

Demgegenüber ist die Arbeit mit und an Modellen laut Gläser nicht nur für die naturwissenschaftliche Perspektive von Bedeutung sondern für alle Wissenschaften, sodass auch die geographische, historische und technische Perspektive Berücksichtigung finden (vgl. Gläser 2011, S. 35). Die Arbeit mit Modellen ist für Gläser „ein Lernprozess, der in der Grundschule curricular sein und eigene Beobachtungen und Erfahrungen mit den Phänomenen nicht ausschließen sollte" (ebd.). In diesem Lernprozess spielt die Modelleisenbahn im weitesten Sinne hinein, da sie nicht nur durch die Anwendung des elektrischen Stroms[6] beim Zugbetrieb oder bei der Häuserbeleuchtung, sondern durch zusätzliche Modelle (Häuser, Wälder, Landschaften etc.) jenes Potenzial besitzt, damit die Schülerinnen und Schüler ihre Modellkompetenzen erweitern können. Dabei spielt das Lernen über Modelle ebenso eine Rolle wie das Lernen von Modellen.

Die Modellkompetenz über die naturwissenschaftliche Perspektive hinaus! Eine Chance für die Modelleisenbahn?

---

[6] Anmerkung: Haider (2019) untersuchte in ihrer Studie lediglich den Zuwachs der Modellkompetenz von Grundschülerinnen und -schülern anhand des elektrischen Stroms bzw. des Stromkreises.

3.2 Von MINT zu MINKT

3.2.1 Die MINT-Bildung

, MINT'-Bildung: Was ist das und warum wird sie gefordert?

Die Bezeichnung ‚MINT' ist ein Akronym und setzt sich aus den Anfangsbuchstaben der zugrundeliegenden Disziplinen Mathematik, Informatik, Naturwissenschaften und Technik zusammen. Auch der Duden definiert ‚MINT' als „die vier Unterrichts- beziehungsweise Wissenschaftsbereiche Mathematik, Informatik, Naturwissenschaften und Technik" (Duden 2022b). Laut der Empfehlungen der Kultusministerkonferenz (KMK) „[wird] MINT-Bildung (Mathematik-Informatik-Naturwissenschaft-Technik) außer im Fach Mathematik vor allem im Sachunterricht, im Werken, in der Medienbildung und in der sechsjährigen Grundschule im Fach Naturwissenschaften erworben" (KMK 2015, S. 16; Umstellung: Verfasser). Dabei sollen in zumeist fächerübergreifendem Unterricht naturwissenschaftliche Präkonzepte weiterentwickelt sowie eine stabile Lernmotivation aufgebaut werden (vgl. ebd.). Seit den 2000ern ist die MINT-Bildung ein verstärktes Ziel der KMK aufgrund der Ergebnisse der PISA-Studie im Jahr 2000. Laut der KMK zeigten sich positive Veränderungen aufgrund der verstärkten Bemühungen in der mathematisch-naturwissenschaftlichen Bildung[7] in allen Schularten zwischen 2000 und 2003 (vgl. KMK 2005, S. 4), welche auf die länderspezifischen Aktivitäten (vgl. ebd., S. 8-41) zurückgeführt werden können. In der 2009 veröffentlichten Empfehlung zur Stärkung der MINT-Fächer kritisiert die KMK jedoch das bis dato noch nicht ausreichend gewachsene Bewusstsein für die mathematisch-naturwissenschaftlich-technische Bildung aufgrund zu geringer Resonanz (vgl. KMK 2009, S. 2) und schlägt weitere Maßnahmen vor, welche „die frühe Förderung von naturwissenschaftlich-technischem Interesse ein[beziehen], in verschiedenen Handlungsfeldern aktuelle fachdidaktische und methodische Diskussionen auf[greifen und] Raum für fächerverbindenden und fachübergreifenden [...] Unterricht [lassen]" (ebd.; Auslassung und Umstellungen: Verfasser).

---

[7] Anmerkung: Die KMK verwendet den Begriff der ‚mathematisch-naturwissenschaftlichen Bildung' in ihrer Publikation aus dem Jahre 2005 (vgl. KMK 2005). In der Publikation aus dem Jahre 2009 verwendet die KMK den Begriff der ‚mathematisch-naturwissenschaftlich-technischen Bildung' und setzt diesen mit der ‚MINT-Bildung' gleich (vgl. KMK 2009).

Renn und Mitarbeiter nennen zwei zentrale Ziele der MINT-Bildung. Zum einen geht es um „die Vermittlung einer fundierten MINT-Kompetenz zum Verständnis der elementaren Vorgänge in Natur und Technik und zur Bewertung der sozialen, wirtschaftlichen und kulturellen Folgen von wissenschaftlichen Erkenntnissen und technischen Innovationen" (Renn et al. 2012, S. 9). Hierbei liegt der Bildungsauftrag für die Schülerinnen und Schüler darin, sich „mit ihrer wissenschaftlich-technisch geprägten Umwelt vertraut zu machen und sie zu befähigen, gesellschaftliche Zusammenhänge und Folgen sowie Chancen, Risiken und mögliche gesellschaftliche Veränderungen kompetent beurteilen zu können" (ebd.). Zum anderen zielt die MINT-Bildung auf „eine frühzeitige und kontinuierliche Förderung begabter junger Menschen [ab], damit sie ihre Neigungen und Fähigkeiten auch im Verlauf ihrer Ausbildung und beruflichen Karriere erkennen und entfalten können" (ebd.; Einschub: Verfasser).

Ziele der MINT-Bildung

Die Einbindung der Modelleisenbahn in die MINT-Fächer lässt sich daher in vielerlei Hinsicht begründen. Gerade die Komplexität dieses Gegenstandes erfordert und fördert die MINT-Bildung als brückenbauendes Element zwischen diesen Fächern. Darüber hinaus wohnt dem Gegenstand eine kreative Komponente inne, die es ermöglicht, dass die Schülerinnen und Schüler gestalterisch tätig werden. Aber kann nicht auch die Fähigkeit der Kreativität dazu dienen, dass vielseitige kognitive und motorische Fertigkeiten ausgebildet werden können? Im Folgenden soll daher diese notwendige Kreativitätskomponente in und für die MINT-Bildung untersucht werden.

Modelleisenbahn in MINT-Bereich einsetzbar

3.2.2 Die MINKT-Bildung

Kunst bzw. Kreativität: eine weitere Schlüsselkomponente in der MINT-Bildung

Der Ruf nach einer verbesserten MINT-Bildung bei den Grundschülerinnen und -schülern ist nicht erst mit dem PISA-Schock um die Jahrtausendwende aufgekommen. So sehen Hardiman und JohnBull, dass bereits in den 1960er Jahren durch den *Sputnik*-Schock[8] kreative Problemlösefähigkeit Eingang in den globalen Wettbewerb gefunden hat (vgl. Hardiman/JohnBull 2019, S. 1). Darin eingebettet ist die Überlegung, dass die bildendende Kunst bzw. die Fähigkeit zur Kreativität unverzichtbar für Lernprozesse innerhalb der MINT-Fächer ist. Connor und Mitarbeiter sehen in der Kreativität eine kognitive Fähigkeit des divergenten Denkens, welches sich von der allgemeinen Intelligenz unterscheidet (vgl. Connor/Karmokar/Whittington 2015, S. 45). Durch die Einbindung von Kunst bzw. der Komponenten des Kreativen müssen den Schülerinnen und Schülern daher die Möglichkeiten gegeben werden, sich in einer geeigneten Umgebung kreativ forschend zu bewegen (vgl. ebd.). Auch wenn Connor und Mitarbeiter ihre Untersuchung nur anhand der Fachdisziplin des Ingenieurwesens bzw. der Technik durchgeführt haben, konnten sie acht für die MINKT-Bildung bedingende Grundgedanken bzw. Forderungen aufstellen. So ist es für sie essentiell, dass der für die MINKT-Bildung ausgelegte Unterricht verschiedene Fachbereiche (Disziplinen) umfassen, Projekte für die Schülerinnen und Schüler entwickeln, die Kreativität entlocken, das Scheitern zulassen und fördern, die Heterogenität der Klasse anerkennen, eine *vertikale* Orientierung[9] erachten, die *horizontale* Unschärfe[10] entdecken sowie das Vermögen für höhere Erwartungen haben muss (vgl. ebd., S. 45 f.)

---

[8] Anmerkung: Der Sputnik-Schock trat 1957 in der westlichen Welt ein, nachdem die Sowjetunion den ersten Satelliten in eine erdnahe Umlaufbahn gebracht hatte.

[9] Anmerkung: Mit der vertikalen Orientierung meinen Connor und Mitarbeiter einen jahrgangsgemischten Unterricht, bei dem die Schülerinnen und Schüler mit jahrgangsälteren bzw. -jüngeren zusammenarbeiten (vgl. Connor/Karmokar/Whittington 2015, S. 45).

[10] Anmerkung: Die horizontale Unschärfe ergibt sich nach Connor und Mitarbeiter aus der Auseinandersetzung nebenstehender und zusätzlich zu betrachtender Fachdisziplinen, die einen Lerngegenstand nicht fachlich abgrenzbar machen kann (vgl. ebd.).

Auch Hardiman und JohnBull verweisen darauf, dass die Macht der Kunst bzw. der Kreativität nicht nur um ihrer selbst willen bedeutsam ist, sondern dass die Kunst das Lernen in anderen Fächern verbessert und einen Betrag leistet, die Schülerinnen und Schüler nachhaltiger in das jeweilige unterrichtliche Thema einzubinden (vgl. Hardiman/JohnBull 2019, S. 3).

Die Kunst: eine machtvolle Komponente im MINT-Bereich und darüber hinaus

> The arts, when used as a pedagogical tool for teaching non-arts subjects – known as arts integration – show promise for learning and retaining academic content, transferring knowledge to other domains of learning, and developing creative thinking and problem-solving skills (ebd.)[11].

Hardiman und JohnBull stützen sich dabei neben Csikszentmihalyi, der die Kunst als ein wichtiges Element zur Ermöglichung tiefer Konzentration und den daraus resultierenden Aha-Momenten kreativen Denkens sieht (vgl. Csikszentmihalyi 1997, zitiert nach Hardiman/JohnBull 2019, S. 3), auch auf durchgeführte Studien. So kam bei der an Grundschulen von Kong und Mitarbeiter durchgeführten Studie heraus, dass die Einbindung von Kunst in den MINT-Bereich eine statistisch signifikante Zunahme positiver Auffassungen bzgl. naturwissenschaftlichen Unterrichts, ein erhöhtes Maß an Selbstvertrauen in den MINT-Fächern und ein gesteigertes Interesse der Schülerinnen und Schüler am naturwissenschaftlichen Lernen zur Folge hat (vgl. Kong et al. 2014, zitiert nach Hardiman/JohnBull 2019, S. 4).

Die Komponente Kunst: positive Effekte auf das Lernen nachweisbar

MINT und STEM vs. MINKT und STEAM

Im englischsprachigen Raum ist die Bezeichnung STEM (science, technology, engineering, mathematics) als Pendent zum deutschsprachigen MINT gebräuchlich, auch wenn nicht alle Teildisziplinen miteinander korrespondieren. Die englische Bezeichnung STEAM (science, technology, engineering, arts, mathematics) schiebt die Disziplin der Kunst bzw. der Kreativität ein ähnlich der deutschen Bezeichnung MINKT.

---

[11] Übersetzung des Verfassers: Wenn die Kunst als pädagogisches Instrument für den Unterricht in nicht-künstlerischen Fächern verwendet wird (besser bekannt als Kunstintegration), ist sie vielversprechend für das Lernen und Behalten akademischer Inhalte, für den Transfer von Wissen auf andere Lernbereiche und für die Entwicklung des kreativem Denkens und der Fähigkeiten zur Problemlösung.

*Die Modelleisen-
bahn mit Poten-
zial im MINKT-
Bereich*

Der Bau einer Modelleisenbahn im weitesten Sinne bedarf dieser kreativen Fähigkeiten und unterstützt diese. Soll ein Szenario auf der Anlage entstehen, ist der Blick in die Lebenswelt der Schülerinnen und Schüler zu suchen. Von dort aus lassen sich viele Anknüpfungspunkte für eine modellartige Bearbeitung finden. Eine solche Bearbeitung muss für den Unterricht jedoch didaktisch begründbar sein. Daher sollen in den nächsten Abschnitten der Sachunterricht sowie andere ausgewählte Fächer nach geeigneten Anknüpfungspunkten sowohl auf didaktischer Ebene als auch Lehrplanebene untersucht werden.

3.3 Der Sachunterricht

3.3.1 Didaktische Bezüge

*Der Sachunter-
richt: abweichen-
den Bezeichnun-
gen in einzelnen
Bundesländern*

Da sich die vorliegende Arbeit mit der Modelleisenbahn als Lerngegenstand vorzugsweise innerhalb des Sachunterrichts auseinandersetzt, soll im Folgenden die didaktische Struktur jenes Faches skizziert werden. Die Bezeichnung des Unterrichtsfaches ist jedoch nicht in allen Bundesländern Deutschlands einheitlich. So trägt das Fach in Bayern die Bezeichnung ‚Heimat- und Sachunterricht' (vgl. Bayerisches Staatsministerium für Bildung und Kultus, Wissenschaft und Kunst 2014, S. 80), in Thüringen ‚Heimat- und Sachkunde'(vgl. Thüringer Ministerium für Bildung, Jugend und Sport 2015). Dennoch liegt hinter dem Unterrichtsfach die Didaktik des Sachunterrichts.

*Die Aufgaben
des Sachunter-
richt.*

Für die Gesellschaft für Didaktik des Sachunterrichts (GDSU) liegt „[d]ie besondere Aufgabe des Sachunterrichts […] darin, Schülerinnen und Schüler darin zu unterstützen, ihre natürliche, kulturelle, soziale und technische Umwelt sachbezogen zu verstehen, sie sich auf dieser Grundlage bildungswirksam zu erschließen und sich darin zu orientieren, mitzuwirken und zu handeln" (GDSU 2013, S. 9; Hervorhebungen: i. O.; Abänderung und Auslassung: Verfasser). Dabei legt der Sachunterricht in der Grundschule die fachlichen Grundlagen für den Unterricht an den weiterführenden Schulen (vgl. ebd., S. 10).

Während für die Fächer Deutsch und Mathematik länderübergreifende Bildungsstandards vorgegeben sind, bietet der Perspektivrahmen der GDSU laut KMK Orientierung für die Lehrpläne des Sachunterrichts (vgl. KMK 2015, S. 8). Der Perspektivrahmen der GDSU ist strukturiert durch ein Kompetenzmodell (siehe Abbildung 8), welches die Kompetenzen und die Besonderheiten dieses vielperspektivischen Faches darstellt (vgl. GDSU 2013, S. 12).

Der Perspektivrahmen der GDSU als Impulsgeber für Lehrpläne

Abbildung 8: Das Kompetenzmodell des Perspektivrahmens Sachunterricht

Dimensionen: Denk-, Arbeits- und Handlungs-weisen	perspektivenübergreifende Denk- Arbeits- und Handlungsweisen im Sachunter-richt						
	erken-nen/verste-hen	eigenstän-dig erar-beiten	evaluie-ren/reflek-tieren	kommunizie-ren/zusammen-arbeiten	den Sachen interessiert begegnen	umsetzen/han-deln	
	z.B. ordnen, vergleichen	z.B. Infor-mationen erschlie-ßen	z.B. be-werten, einschät-zen	z.B. austau-schen, argumen-tieren	z.B. for-schende Haltung zei-gen	z.B. gestalten, Projekte realisie-ren	
z.B. verhandeln, partizipie-ren	sozialwissenschaftliche Perspektive **Politik - Wirtschaft - Soziales**						z.B. Demokra-tie
z.B. untersu-chen, expe-rimentieren	naturwissenschaftliche Perspektive **belebte und unbelebte Natur**						z.B. Leben, Kraft
z.B. erkunden und sich in Räumen orientieren	geographische Perspektive **Räume - Naturgrundlagen - Lebenssituationen**						z.B. Raumnut-zung
z.B. sich in Zei-ten orientie-ren, rekon-struieren	historische Perspektive **Zeit - Wandel**						z.B. Wandel
z.B. konstruie-ren, herstel-len, Technik nutzen	technische Perspektive **Technik - Arbeit**						z.B. Stabilität
	z.B. Mobili-tät	z.B. Gesundheit	z.B. nachhaltige Entwicklung		z.B. Medien		Dimensionen: Konzepte/The-menbereiche
	Perspektivenvernetzende Themenbereiche und Fragestellungen						

perspektivenbezogene Denk-, Arbeits- und Handlungsweisen · *perspektivenbezogene Konzepte/Themenbereiche*

Quelle: In Anlehnung an GDSU 2013, S. 13

Die sozialwissenschaftliche, die naturwissenschaftliche, die geographische, die historische und die technische Perspektive

Warum gibt es die fünf Perspektiven im Perspektivrahmen?

> berücksichtigen [laut der GDSU] relevante und bildungswirksame Erfahrungen von Kindern in der Auseinandersetzung mit ihrer natürlichen, kulturellen, sozialen und technischen Umwelt, sind hinreichend trennscharf, um Kompetenzen und Kompetenzfortschritte mit Bezug auf die in Fachkulturen entwickelten, bereitgestellten und gepflegten Inhalte und Methoden zu benennen und bieten Anschlussmöglichkeiten für die Lernangebote von Sachfächern in weiterführenden Schulen und stellen damit sicher, dass bedeutsame Wissensbereiche angemessen berücksichtigt werden (ebd., S. 14; Einschub: Verfasser).

Perspektiven: zwar fachdisziplinär abgrenzbar, aber durch vernetzende Themenbereiche verbunden

Die einzelnen Perspektiven sind zwar durch ihre jeweiligen zugrundeliegenden Fachkulturen geprägt und von den anderen abgrenzbar (vgl. ebd.), jedoch „sind im Sachunterricht [ebenso] Themenbereiche und Fragestellungen auch perspektivenübergreifend bzw. -vernetzend in den Blick zu nehmen" (ebd., S. 15; Einschub: Verfasser). Der Perspektivrahmen unterscheidet zum einen zwischen Themenbereichen, Fragestellungen und Konzepten, die sich aus den Inhalten als deklarative Komponente ergeben, sowie den Denk-, Arbeits- und Handlungsweisen (DAH) als prozedurale Komponente (vgl. ebd., S. 12).

Perspektivbezogene Denk-, Arbeits- und Handlungsweisen der einzelnen Perspektiven

In der sozialwissenschaftlichen Perspektive liegen die perspektivbezogenen DAHs bei der Partizipation mit ausgewählten Gesellschaftsgruppen, beim Argumentieren und Verhandeln verschiedenster Wünsche und Begehren im Einzelnen oder in der Gruppe, beim politischen Urteilen, beim Begründen von wirtschaftlichen Entscheidungen, beim Respektieren und Tolerieren kultureller Auffassungen und Wertmaßstäbe sowie beim Planen und Umsetzen gesellschaftsbezogener Handlungen (vgl. ebd., S. 29). Daraus ergeben sich perspektivenbezogene Themenbereiche, die sich mit der politischen Ordnung, der politischen Entscheidungen, dem Gemeinwohl, den Kindern als rege Konsumteilnehmer, der Arbeit und Berufswelt sowie der Sozialisation beschäftigen (vgl. ebd., S. 30). Die perspektivenbezogenen DAHs der naturwissenschaftlichen Perspektive beinhalten das sachgerechte und objektive Untersuchen und Verstehen von Naturphänomenen, das Aneignen und Anwenden naturwissenschaftlicher Methoden, das Nachvollziehen von Regeln der Naturphänomene, das Ableiten von Auswirkungen menschlichen Handels aufgrund naturwissenschaftlicher Feststellungen sowie das Bewerten und das Reflektieren naturwissenschaftlichen Lernens (vgl. ebd., S. 39). Innerhalb dieser Perspektive werden sowohl Phänomene der belebten wie auch der nichtbelebten Natur thematisiert. Die perspektivenbezogenen Themenbereiche erstrecken sich bei der nicht lebenden Natur von den Stoff- und Körpereigenschaften, der Umwandlung von Stoffen bis zu den physikalischen Vorgängen. Bei der lebenden Natur liegen die thematischen Schwerpunkte auf der Tier- und Pflanzenwelt und deren Unterteilung sowie auf den

Lebens- und Entwicklungsbedingungen der Flora und Fauna (vgl. ebd.). In der geographischen Perspektive liegen die perspektivenbezogenen DAHs beim Wahrnehmen von Räumen und Lebensumständen, um sich hierzu Vorstellungen und Konzepte reflektierend klar zu machen, beim Erkunden, Untersuchen und erkenntnisgeleiteten Dokumentieren von Räumen, beim Orientieren in Räumen unter Zuhilfenahme von Orientierungsmitteln sowie beim Aufbauen und Weiterentwickeln von Orientierungsmustern bzgl. der Raumsituationen und der Beziehung zwischen Mensch und Natur (vgl. ebd., S. 47). In dieser Perspektive sollen die Naturphänomene inklusive natürlicher Zyklen, das Nutzen, Gestalten, Belasten, Gefährden und Schützen der Räume durch den Menschen, die Vielfältigkeit und Verflochtenheit dieser Räume unter Einbezug der Lebensumstände in Nah und Fern sowie entwickelnde und verändernde Prozesse der Räume thematisiert werden (vgl. ebd.). Die perspektivenbezogenen DAHs in der historischen Perspektive liegen bei der historischen Fragenkompetenz, indem Fragen bzgl. des historisch gewachsenen Wandels menschlicher Koexistenz gestellt werden, bei der Kompetenz für Methoden und Medien durch den Umgang mit historischen Quellen und Darstellungen in Verbindung mit deren fachgerechter Sinnentnahme sowie bei der historischen Erzählkompetenz mit dem Ziel die Fähigkeit für individuelle aber rationale und für die gesamte Lerngruppe verifizier und nachprüfbare Erzählungen zu schulen (vgl. ebd., S. 57). Hierbei umfassen die perspektivenbezogenen Themenbereiche laut GDSU die historisch zeitliche Orientierung, die Beschäftigung mit der Andersheit in Bezug auf historische Personen, die untersuchende Betrachtung von Dauer und Wandelphänomen sowie der Umgang mit historischen Fakten und Fiktionen (vgl. ebd.). Die perspektivenbezogenen DAHs der technischen Perspektive liegen beim Herstellen und Konstruieren technischer Objekte, beim Erkunden und Analysieren technischer Gegenstände, Abläufe und Berufswelt, bei der Nutzung und Bewertung von Technik sowie bei der Kommunikation über Technik (vgl. ebd., S. 64). Die perspektivenbezogenen Themenbereiche zählen laut GDSU neben der Stabilität technischer Objekte als grundlegende technische Aufgabe, Werkzeuge, Geräte und Maschinen auch die

Ausprägungen von Arbeit durch Arbeitsstätten und Berufe, die Energieumwandlung und Energienutzung sowie technische Erfindungen (vgl. ebd.).

Verknüpfungen zur Modelleisenbahn möglich?

Aber auch die Modelleisenbahn im engsten und erweiterten Sinne kann Anknüpfungspunkte zur historischen Perspektive durch verschiedene historische Modellzüge und zur technischen Perspektive durch die Inbetriebnahme und Wartung der Modelleisenbahn als elektronisches Objekt mit seinen technischen Komponenten herstellen.

1. perspektivübergreifende DAH: Erkennen und Verstehen

Das *Erkennen* und das *Verstehen* gehören zu einer perspektivenübergreifenden DAH, indem „Wissensbestände sinnvoll aufeinander bezogen, mit bereits vorhandenen Wissensstrukturen verbunden werden sowie kommunizierbar und gegenüber Gegenargumenten belastbar" (ebd., S. 21) werden. Gerade der Bau einer Modelleisenbahn im weitesten Sinne beinhaltet „Aufgaben, in denen gezielt Vorerfahrungen aktiviert werden und zu verbalisieren sind" (ebd.) und die gleichsam in „Partner- und Gruppenarbeiten, in denen man einen Einblick in andere Vorstellungen und Wissensbestände erhalten kann und in denen gemeinsam Vorstellungen und Wissen konstruiert werden" (ebd.), zu bewältigen sind. Darüber hinaus regt es in der Planungs- und Bearbeitungsphase „Diskussionen [an], in denen Schülerinnen und Schüler mit Argumenten konfrontiert werden, die ihrer Position oder ihrem Wissensstand widersprechen, in denen sie diese Argumente dann durchdenken, gegebenenfalls widerlegen oder diese akzeptieren" (ebd.; Einschub: Verfasser).

Im Dioramenbau möglich!

Die Arbeit an den Dioramen bei der Modelleisenbahn im weitesten Sinne ist sowohl mit „komplexe[n], problemhaltige[n] Aufgabenstellungen [verbunden], die eine Übertragung vorhandenen Wissens in neue Kontexte erfordern" (ebd.; Abänderungen und Einschub: Verfasser), als auch mit „Aufgaben, in denen Wissensbestände aus unterschiedlichen Perspektiven zusammenzuführen sind" (ebd., S. 22; Einschub: Verfasser).

2. perspektivübergreifende DAH: eigenständiges Erarbeiten

Das *eigenständige Erarbeiten* als zweite perspektivenübergreifende DAH hat das Ziel, dass die „Schülerinnen und Schüler lernen [...], ein eigenes Vorhaben zu planen, zu entscheiden, wie vorzugehen ist, die Arbeitsschritte nach eigener Planung durchzuführen und abschließend zu reflektieren" (ebd.; Auslassung: Verfasser). Gerade die Modelleisenbahn im weitesten Sinne erfordert eine Planung unter Einbezug von „Aufgaben, in denen unterschiedliche Methoden der Informationsgewinnung angemessen durchgeführt werden müssen" (ebd.). Gleichsam bietet es auch die Möglichkeit für außerschulische „Erkundungen und Untersuchungen, die die Schülerinnen und Schüler (teilweise) selbst planen und ausführen können" (ebd.). Das Endprodukt (Modelleisenbahn im weitesten Sinne) oder die Teilprodukte (Dioramen und Module) können für „Präsentationen vor unterschiedlichen Personengruppen (z.B. in der Klasse oder vor Eltern)" (ebd., S. 23) genutzt werden.

Dies führt zur dritten perspektivenübergreifenden DAH, dem *Evaluieren* und *Reflektieren*, als „die Grundlage für einen verantwortungsvollen Umgang mit den Sachen sowie für ein Handeln in der Gesellschaft, das nicht nur die eigenen Wünsche und Interessen, sondern auch die anderer Personen berücksichtigt" (ebd.). Der Verlauf während der Planungs- und Bauphase ist unweigerlich von „Reflexionsphasen [geprägt], in denen eine Bewertung der eigenen Arbeitsleistung bzw. des eigenen Produkts geschieht" (ebd.).

3. perspektivübergreifende DAH: Evaluieren und Reflektieren

Um die Wünsche und Vorstellungen anderer Personen zu berücksichtigen, schließt sich die vierte DAH an, die das *Kommunizieren* sowie die *Zusammenarbeit* untereinander fördern soll. Diese sind „eine wichtige Grundlage für den Erwerb neuen Wissens und neuer Konzepte" (ebd., S. 24), damit „alte Konzepte in Frage gestellt und alternative Denkmodelle deutlich [gemacht] werden" (ebd.; Einschub: Verfasser) können. Gleichermaßen liegt darin „eine zentrale Basis für eine solidarische Mitbestimmung und Mitgestaltung der Welt" (ebd.). Gerade der Bau einer Modelleisenbahn im weitesten Sinne beinhaltet „Phasen der Partner- oder Gruppenarbeit, in denen Vermutungen, Arbeitsprozesse, Beobachtungen, Lernertrag oder Erklärungen auszutauschen und zu besprechen sind" (ebd.). Gleichsam sind dies auch „Gesprächsphasen, in denen Schülerinnen und Schüler miteinander diskutieren und dabei ihre Meinung argumentierend, begründet darstellen" (ebd.).

4. perspektivübergreifende DAH: Kommunizieren und Zusammenarbeiten

5. perspektiv-
übergreifende
DAH: den Sa-
chen interessiert
begegnen

Aber eine *Sache* kann nur dann qualitative Lehr- und Lernprozesse voran-
bringen, wenn ihr mit ausreichendem *Interesse* und *Neugier begegnet* werden kann. Dies ist die fünfte DAH, welche „eine wichtige Voraussetzung für
die weitere Begegnung mit Fragen und Themen der natürlichen, kulturellen,
sozialen und technischen Umwelt" (ebd., S. 25) ist. Die Modelleisenbahn im
weitesten Sinne kann durch ihre vielseitigen Wirklichkeitsbezüge zu ebenso
vielseitigen „offene[n] Aufgabensituationen [führen], in denen eigenständig
Fragestellungen entwickelt werden (gegebenenfalls innerhalb eines thematischen Rahmens) und diesen dann nachgegangen wird" (ebd.; Abänderung
und Einschub: Verfasser). Die Modelleisenbahn im weitesten Sinne kann
durch ihre vielseitigen Wirklichkeitsbezüge zu ebenso vielseitigen „offene[n] Aufgabensituationen [führen], in denen eigenständig Fragestellungen entwickelt werden (gegebenenfalls innerhalb eines thematischen Rahmens) und diesen dann nachgegangen wird" (ebd.; Abänderung und Einschub: Verfasser). Gleichsam kann sie nicht nur dazu dienen, „die Geschicklichkeit, Feinmotorik und Koordination der Kinder zu schulen und ihr Interesse an Technik wecken" (Hauber/Zander 2020, S. 191), sondern kann sowohl durch sich selbst als auch als Ausgangspunkt zu „faszinierende[n] (ver-
blüffende[n], ästhetisch ansprechende[n]...) Inhalte[n], Gegenstände oder
Fragestellungen (z.B. naturwissenschaftliche Phänomene, historische Ereignisse) [führen], die von den Schülerinnen und Schülern erlebt, nachvollzo-
gen und bearbeitet werden" (Gesellschaft für Didaktik des Sachunterrichts
(GDSU) 2013, S. 25; Anpassungen und Einschub: Verfasser).

6. perspektiv-
übergreifende
DAH: Umsetzen
und Handeln

Die sechste perspektivenübergreifende DAH umfasst das *Umsetzen* und
Handeln. Das Ziel besteht für die Schülerinnen und Schüler darin, „die er-
worbenen Wissensbestände und Fähigkeiten für das alltägliche Handeln zu
nutzen" (ebd., S. 26). Dabei liegt das Hauptaugenmerk darin, dass sie „lernen, Handlungen zu planen, entsprechend der Planung durchzuführen und
dann den Prozess und das Ergebnis mit Blick auf die Planung zu reflektieren
und zu bewerten" (ebd.). Die Modelleisenbahn im weitesten Sinne bietet
Lernmöglichkeiten durch „Gestaltungs- oder Forscheraufgaben, die aus einer wahrgenommenen Problemlage heraus individuell und/ oder [sic!] ge-

meinsam abgeleitet und umgesetzt werden können" (ebd.), und kann in der projektartigen Durchführung „Arbeiten und Handlungsanforderungen [beinhalten], die besonders geeignet sind, kooperativ Arbeitsschritte zu planen, Verantwortlichkeiten festzulegen sowie die Ergebnisse untereinander zu präsentieren, zu bewerten und die Arbeitsphase hinsichtlich der Zweckhaftigkeit und Effektivität einzuschätzen" (ebd.; Einschub: Verfasser).

Der Bau einer Modelleisenbahn im weitesten Sinne kann gleichzeitig sowohl alle fünf Perspektiven mehr oder minder umfassen als auch entsprechende Impulse und Lernmöglichkeiten für die sechs perspektivenübergreifenden DAHs setzen. Doch rechtfertigt ein potenzialreicher Lerngegenstand wie die Modelleisenbahn noch nicht den Einsatz im Regelunterricht in der Grundschule. Umso wichtiger ist es, entsprechende Lehrplanbezüge herzustellen. Daher soll dieser Gegenstand im Folgenden auf Anknüpfungspunkte im sächsischen Lehrplan Sachunterricht untersucht werden, um nicht nur eine mögliche Rechtfertigung zu erbringen, sondern auch Umsetzungsmöglichkeiten zu konkretisieren.

Der Bau einer Modelleisenbahn im Spektrum zwischen perspektivbezogenen und perspektivübergreifenden DAHs

3.3.2 Lehrplanbezüge in Sachsen

Die Lehrpläne des Sachunterrichts in den einzelnen Bundesländer berücksichtigen die von der GDSU erarbeiteten Perspektiven. Beispielsweise beinhaltet der sächsische Lehrplan Sachunterricht, auf dem sich die Untersuchung stützt, die folgenden fünf Lernbereiche:

Die fünf Lernbereiche des sächsischen Lehrplans Sachunterricht

1) Zusammen leben und lernen

2) Mein Körper und meine Gesundheit

3) Begegnungen mit Pflanzen und Tieren

4) Begegnung mit Phänomenen der unbelebten Natur

5) Begegnung mit Raum und Zeit (vgl. Sächsisches Staatsministerium für Kultus 2004/2009/2019a, S. 2)

Diese Lernbereiche bilden zwar nicht die Perspektiven eins zu eins ab, dennoch sind die fünf Perspektiven des Perspektivrahmens darin integriert und sind, laut des sächsischen Lehrplans, ähnlich wie die im Perspektivrahmen angegeben Perspektiven, zur Erfassung übergreifender Zusammenhänge sinnvoll miteinander zu verbinden bzw. zu vernetzen (vgl. Sächsisches Staatsministerium für Kultus 2004/2009/2019a, S. 2; GDSU 2013, S. 15).

Die fachlichen Ziele des sächsischen Lehrplans Sachunterricht

Grundlegend für die Lernbereiche im sächsischen Lehrplan für das Fach Sachunterricht sind zunächst die allgemeinen fachlichen Ziele. Diese bestehen aus dem

> Entwickeln der Fähigkeit, sich in der sozial und kulturell gestalteten Umwelt zurechtzufinden und diese mitzugestalten […], sich mit Erscheinungen in der Natur auseinander zu setzen [und] sich in Raum und Zeit zu orientieren [sowie aus dem] Entwickeln sprachlicher Fähigkeiten und fachspezifischer Verfahrensweisen zur Erschließung und Darstellung von Sachverhalten. (Sächsisches Staatsministerium für Kultus 2004/2009/2019a, S. 2; Auslassung und Einschübe: Verfasser)

Anknüpfungspunkte für die Modelleisenbahn in der dritten Jahrgangsstufe

Im Lernbereich 1 ‚Zusammen leben und lernen' in der dritten Jahrgangsstufe ist vorgesehen, dass die Schülerinnen und Schüler einen „Einblick gewinnen in Lebensgewohnheiten der Region auf dem Land früher und heute, [indem sie sich dies durch] Gegenstände, historische Quellen und jetzige Gegebenheiten im Vergleich erschließen" (ebd., S. 18; Einschub: Verfasser). Ausgangspunkt hierfür kann eine historische Dampflok als Modelleisenbahn im engeren Sinne sein, die zum Bau einer geeigneten Dioramenumgebung durch weitere historische Objekte *en miniatur* anregt. Auch Förster sieht in der Einbettung eines historischen Gegenstandes in ein dafür gestaltetes Diorama einen kreativen Umgang mit diesen (vgl. Förster 2017, S. 18). Im Lernbereich 2 ‚Mein Körper und meine Gesundheit' in der dritten Jahrgangstufe lässt sich die Arbeit an der Modelleisenbahn einbinden, da die Schülerinnen und Schüler „differenzierte Wahrnehmungsübungen mit jedem Sinnesorgan durchführen können [und] Verständnis und Hilfe für Menschen mit Behinderungen" (Sächsisches Staatsministerium für Kultus 2004/2009/2019a, S.18; Einschub: Verfasser) durch den Bau behindertengerechte Orte *en miniature* reflektierend vollziehen. Ein weiterer Anschluss lässt sich beim

Gestalten des landwirtschaftlichen Geländes finden, da das „Kennen des An-
baus von Getreide und Kartoffel sowie deren Verwendung als Grundnah-
rungsmittel [durch das] Unterscheiden von drei Getreidearten, [der] Verarbeitung von Getreide [und den] Anbau der Kartoffel" (ebd., S. 19; Einschübe: Verfasser) im Lernbereich 3 verankert ist. Ebenfalls sollen die Schülerinnen und Schüler in diesem Lernbereich einen „Einblick gewinnen in
den Lebensraum Wiese [durch] Beobachten von Kleintieren [und dem] Unterscheiden von Wiesenpflanzen" (ebd.; Einschübe: Verfasser). Die hieraus
gezogenen Erkenntnisse dienen den Grundschulkindern bei der Gestaltung
von Wiesenlandschaften in der Modelleisenbahn. Im Lernbereich 4 ist das

> Übertragen des Wissens über Zustandsänderungen des Wassers auf
> den Kreislauf des Wassers in der Natur [vorgesehen, indem die
> Schülerinnen und Schüler] Beispiele suchen, kausale Zusammen-
> hänge erkennen [und] verständlich darlegen [sowie den] Kreislauf
> des Wassers in einer Schemaskizze darstellen (ebd., S. 20; Ein-
> schübe: Verfasser).

In Verbindung mit der Modelleisenbahn lässt sich dieser Kreislauf durch
eine dreidimensionale Ausarbeitung der Schülerinnen und Schüler skizzen-
haft darstellen. Ist die Landschaft der Modelleisenbahn dem Heimatort der
Grundschulkinder nachempfunden, ergeben sich weitere Möglichkeiten für
den Lernbereich 5 'Begegnung mit Raum und Zeit'. Vom Lernplan vorgeschrieben ist hierbei das „Kennen der Raumgliederung im Heimatort [durch
die] Haupthimmelsrichtungen [und der] Orientierung mit Hilfsmitteln, [um
beispielsweise] von der Wirklichkeit zum Plan [oder zu] Modelle[n]" (ebd.,
S. 21; Einschübe: Verfasser) zu kommen. Des Weiteren ist das „Anwenden
von Regeln zur Verkehrssicherheit als Fußgänger und Radfahrer [durch]
Vorschriften, Zeichen, Regeln" in diesem Lernbereich vorgeschrieben"
(ebd.; Einschub: Verfasser). Bereits beim Bau von Straßen *en miniature*
müssen Verkehrsvorschriften und -zeichen berücksichtigt werden. Weitere
Einbindungsmöglichkeiten der Modelleisenbahn in der dritten Jahrgangsstufe im Wahlbereich 3, in dem die Schülerinnen und Schüler einen „Einblick gewinnen in die Geschichte eines steinernen Zeugen [und] sich positionieren zur Auswahl des steinernen Zeugen" (ebd., S. 22; Einschub: Ver-

fasser), und im Wahlbereich 4, in dem es u.a. um das „Beurteilen von Ver-
kehrssituationen [durch] Vorfahrtsregeln [und den] Schritte[n] zum Links-
abbiegen [und] Überholen" (ebd., S. 23; Einschübe: Verfasser) geht.

Anknüpfungs-
punkte für die
Modelleisenbahn
in der vierten
Jahrgangsstufe

Ähnliche Anknüpfungspunkte zur Modelleisenbahn bietet der sächsische
Lehrplan Sachunterricht auch für die vierte Jahrgangsstufe. Im Lernbereich
1 sollen sich die Schülerinnen und Schüler „positionieren zu schulischen
Bedingungen in früherer Zeit [durch bspw.] regionale Besonderheiten"
(ebd., S. 25; Einschub: Verfasser), die durch die Modelleisenbahn darstellbar sind. Gleichsam sollen die Viertklässlerinnen und Viertklässler „Lebensgewohnheiten früher und heute in einer Stadt der Region [kennen durch u.a.]
originale Gegenstände [und] historische Quellen im Vergleich erschließen,
[wobei auch die] Veränderung der Arbeitsbedingungen" (ebd.; Einschübe:
Verfasser) zu betrachten ist. Im Modell können sich die Grundschülerinnen
und -schüler des Weiteren „positionieren zu Veränderungen in der Stadt
[durch die Auseinandersetzung mit der] Technisierung der Arbeitswelt, [der]
Bedeutung des innerstädtischen Raumes [sowie der] Dichte im Straßenverkehr" (ebd., S. 26; Einschübe: Verfasser). Im Lernbereich 3 geht es in der
vierten Klasse um das „Kennen des Waldes als Lebensgemeinschaft [sowie]
ausgewählter Gewässer als Lebensraum" (ebd., S. 27; Einschub: Verfasser).
Hierbei kann die Gestaltung der Landschaft im Modell eine Präsentations-
form bieten, um nicht nur den Wald und dessen Schichten sondern auch unterschiedliche Gewässerformen darzustellen. Gleichsam bietet es den Schülerinnen und Schüler die „Verhaltensweisen des Menschen in der Natur"
(ebd., S. 28) beurteilend zu reflektieren. Im Lernbereich 5 für die vierte Jahrgangstufe ist ebenfalls die Kartenarbeit vor allem für den Freistaat Sachsen
vorgesehen (vgl. ebd., S. 28). So kann durch die Modelleisenbahn die „Bedeutung der Farben in einer Karte" (ebd.) geübt werden. Zum einen können
Farben und Symbole der Kartenarbeit die Schülerinnen und Schüler bei der
Planung und dem Bau der Modelleisenbahn unterstützen. Zum anderen kann
die Modelleisenbahn im weitesten Sinne Ausgangpunkt für die Kartenarbeit
sein, indem die Schülerinnen und Schüler die Anlage zeichnerisch kartogra-
fieren. Ebenfalls lassen sich einige „Sagen [oder einige Aspekte] der kul-

turelle[n] Vielfalt" (ebd.; Anpassung und Einschub: Verfasser) darstellen. Des Weiteren können die Schülerinnen und Schüler durch die Gestaltung im Modell einen „Einblick gewinnen in die sorbische Kultur [durch die modellhafte Darstellung der] Lebensweise, Brauchtum [und] Kulturstätten" (ebd., S. 29; Einschübe: Verfasser). Auch in den Wahlbereichen der Klassenstufe 4 gibt es Anknüpfungspunkte mit Modelldarstellungen. So sieht der Wahlbereich 2 eine Auseinandersetzung mit „ausgewählte[n] Tiere[n] und Pflanzen im Bereich des Waldrandes" (ebd., S. 30; Abänderungen: Verfasser) vor. Diese kann sich ähnlich des Lernbereiches 3 (siehe oben) vollziehen, indem die Schülerinnen und Schüler die entsprechende Flora und Fauna im Modell nachbilden. Auch der Wahlbereich 5 schließt eine Modelldarstellung nicht aus, da die Schülerinnen und Schüler einen „Einblick gewinnen in historische Anlagen in Sachsen [durch das] Kennen einer historischen Anlage der Region" (ebd., S. 31; Einschub: Verfasser) durch deren Nachbau im Modell. Zudem bietet der Wahlbereich 6 die Möglichkeit, dass die Schülerinnen und Schüler einen „Einblick gewinnen in ein technologisches Verfahren der Wasserwirtschaft" (ebd.), indem sie bspw. ein Wasserwerk im Modell darstellen und „[s]ich [so] zum Umgang mit Wasser [positionieren]" (ebd.; Abänderung, Einschub und Umstellung: Verfasser).

Die Modelleisenbahn im weitesten Sinne wird durch den zusätzlichen Aufbau von Dioramen nicht nur zu einem Lerngegenstand, sondern setzt auch theoretisch Impulse für eine Auseinandersetzung mit der Umwelt. So beschreiben Whiteford und Fitzsimmons mit zahlreichen Beispielen, wie Kinder im Alter zwischen fünf und elf Jahren durch den Dioramenbau einen Zugang zu den Dingen ihrer Umgebung erlangen können (vgl. Whiteford/Fitzsimmons 1996, S. 27 ff.). Darüber hinaus sehen Kaiser und Pech im Bau von Dioramen eine Methode, die „eine dreidimensionale modellhafte Darstellung [verlangt]" (Kaiser/Pech 2021, S. 28). Für sie ist es mehr als eine „reine Präsentationsmethode, weil durch die konkrete szenische Ausgestaltung auch eine Anregung für weitere Ideen eingebracht wird, und die Kinder ihre eigenen Vorstellungen strukturiert offen legen" (ebd.). Somit

Die Modelleisenbahn: Methode und Impulsgeber im Sachunterricht

bietet die Modelleisenbahn im weitesten Sinne für die Schülerinnen und Schüler die Möglichkeit für das Lernen über das Modell und vom Modell.

Der Dioramen-bau: ein mögli-cher Zugang zu den gestaltbaren und bearbeitba-ren Lerngegen-ständen

Damit besitzt der Sachunterricht durch seine ihm innewohnende Vielper-spektivität durch die perspektivenbezogenen und perspektivenübergreifen-den DAHs das Potenzial, um die Modelleisenbahn im engsten, erweiterten und weitesten Sinne theoretisch als Lerngegenstand im Unterricht zu recht-fertigen und zu integrieren. Im Folgenden soll der Lerngegenstand Modell-eisenbahn auf fachinterne Bildungspotenziale in den Fächern Kunst, Wer-ken, Mathematik und Deutsch untersucht werden. Das Ziel ist es, zunächst die geeignetsten fachdidaktischen und vom jeweiligen Lehrplan aufgreifba-ren Anknüpfungspunkte zu finden, die eine fachinterne und unterrichtliche Auseinandersetzung mit der Modelleisenbahn als Lerngegenstand bieten und rechtfertigen.

Aus der Praxis – Pretzschendorfer Grundschule

Die Grundschule im osterzgebirgischen Pretzschendorf bietet auf ihrer Inter-netseite besondere Bastelbögen an, welche nicht nur für eingefleischte Mo-delleisenbahner interessant sind und sich einer globalen Beliebtheit erfreuen. Vor fast 20 Jahren entstanden die 48 Bastelbögen, mit denen man Gebäude des Ortes und der Umgebung um 1900 *en miniature* nachbauen kann. So fin-den die kleinen Bastelhäuschen auch heute noch sinnvolle Verwendungen in den Fächern Werken (Modellbau und Modelleisenbahn), Sachunterricht (Le-ben im eigenen Dorf früher und heute), Kunst (als Vorlage für Hauszeichnun-gen) und Mathematik (Abwickeln geometrischer Körper). Beim normalen Druck weisen die Modellhäuser einen Maßstab von 1:200. Für andere Maß-stäbe muss der Druck entsprechend skaliert werden.

Unter folgendem Link lassen sich die Bögen herunterladen:

https://www.grundschule-pretzschendorf.de/Werken/Weihnachtsberg/weih-nachtsberg.html

Lehrplanexkurs: Sachunterrichtbezüge anderer Bundesländer

Demnach gibt es geeignete Lehrplanbezüge des Faches Sachunterricht im Freistaat Sachsen, die es theoretisch ermöglichen, die Modelleisenbahn im weitesten Sinne als Lerngegenstand im Regelunterricht einzubinden. Aber wie sieht in anderen Bundesländern der Bundesrepublik Deutschland aus? Daher sollen im Folgendem die Lehrplanbezüge des Faches Sachunterricht in anderen Bundesländern betrachtet werden, die eine mögliche Einbindung der Modelleisenbahn in den Regelunterricht begünstigen.

Lehrplanexkurs: Sachunterricht in anderen Bundesländern

Hinweis zum Lehrplanexkurs:

Dieser Exkurs in die Lehrpläne für das Fach Sachunterricht in anderen ausgewählten Bundesländern war nicht Teil der diesem Buch zugrundeliegenden wissenschaftlichen Arbeit. Es kann daher als nachträgliche Ergänzung verstanden werden. Zugleich konnten nicht die Lehrpläne aller Bundesländer aus platz- und arbeitstechnischen Gründen untersucht werden. Die hier aufgeführten Lehrpläne für die Bundesländer Bayern, Baden-Württemberg, Berlin und Brandenburg sowie Bremen sollen rein exemplarisch die möglichen Anknüpfungspunkte zur Modelleisenbahn verdeutlichen.

Bayern

Gegenstandsbe-
reiche des ‚Hei-
mat- und Sach-
unterricht' im
Freistaat Bayern

Im Freistaat Bayern trägt dieses Fach die Bezeichnung ‚Heimat- und Sachunterricht' (vgl. Bayerisches Staatsministerium für Bildung und Kultus, Wissenschaft und Kunst 2014, S. 80), wenngleich es dem Kompetenzstrukturmodell des Perspektivrahmens Sachunterricht der GDSU zugrunde liegt (vgl. ebd., S. 82). Thematisch gliedert sich der Lehrplan für dieses Fach in die sechs folgenden Gegenstandsbereiche[12]:

1. Demokratie und Gesellschaft   4. Zeit und Wandel

2. Körper und Gesundheit   5. Raum und Mobilität

3. Natur und Umwelt   6. Technik und Kultur

(vgl. ebd., S. 84f.)

Die Lehrplantabelle 1 zeigt vom bayerischen Lehrplan vorgegebene Inhalte zu den Kompetenzen der einzelnen Lernbereiche der Klassenstufe 3 und 4 in Verbindung zu möglichen Bezügen zur Modelleisenbahn im weitesten Sinne.

---

[12] Anmerkung: Der Lehrplan im Freistaat Bayern bezeichnet die Lernbereiche als ‚Gegenstandsbereiche' (vgl. Bayerisches Staatsministerium für Bildung und Kultus, Wissenschaft und Kunst 2014, S. 84).

Lehrplantabelle 1: Anknüpfungspunkte im Freistaat Bayern

Klassenstufe: 3 und 4	Modelleisenbahnbezug?	Perspektiven - siehe Kapitel 5
Lernbereich 1: Demokratie und Gesellschaft		
1.1 Zusammenleben in Familie, Schule und Gesellschaft		
unterschiedliche Kulturen im Vergleich (z. B. religiöse Feste und Feiertage, Essens- und Kleidungsgewohnheiten, Umgangsformen etc.)	Im Modell darstellbar (z.B. Feste und Kleidung)	5.7.1 sozialwiss. Persp.
1.2 Leben in einer Medien- und Konsumgesellschaft		
Medien im Alltag (z. B. Unterhaltung und Zeitvertreib, Information, Kriterien für sinnvolle Nutzung, emotionale Erwartungen)	Medien als Rechercheinstrument für den Bau	(perspektivübergreifend)
Lernbereich 2: Körper und Gesundheit		
2.2 Gefühle und Wohlbefinden		
Möglichkeiten aktiver Freizeitgestaltung	aktive und kreative Freizeitgestaltung	(perspektivübergreifend)
Lernbereich 3: Natur und Umwelt		
3.1 Tiere, Pflanzen, Lebensräume		
Kenntnis der Artenvielfalt in den Lebensräumen Wald und Gewässer	Modellhaft darstellbar	5.7.2 naturwiss. Persp.
3.2 Stoffe und Energie		
Strom und Elektrizität (Leiter, Stromkreis, Wirkungen und Erzeugung elektrischen Stroms)	Elektrische Stromkreise für Betrieb und Beleuchtung notwendig	5.7.5 technische Persp.
3.3 Luft, Wasser, Wetter		
der natürliche Wasserkreislauf	Im Modell darstellbar	5.7.2 naturwiss. Persp. 5.7.3 geograph. Persp.
Lernbereich 4: Zeit und Wandel		
4.1 Zeitbewusstsein und Orientierung in der Zeit		
Zeiteinteilung und Zeiträume: Vergangenheit – Gegenwart – Zukunft, Jahr, Jahrzehnt, Jahrhundert, Jahrtausend, Epoche	Epocheneinteilung auch bei der Modelleisenbahn	5.7.4 historische Persp.
4.2 Dauer und Wandel		
Quellen als Grundlage historischen Wissens (soweit zugänglich: Text-, Bild- und Sachquellen sowie Zeitzeugen)	Quellenarbeit für den Modellbau	5.7.4 historische Persp. (auch perspektivübergeifend)
4.3 Fakten und Fiktion		
Heimat- und Stadtmuseen; regionale historische Feste und Gedenktage	Im Diorama darstellbar	5.7.4 historische Persp. 5.7.1 sozialwiss. Persp.
Lernbereich 5: Raum und Mobilität		
5.1 Räume wahrnehmen und sich orientieren		
unterschiedliche Karten (z. B. topographische und thematische Karten) und ihre Merkmale	Kartenarbeit für den Bau und Kartenarbeit am Modell selbst	5.7.3 geograph. Persp.
5.2 Räume nutzen und beschützen		
Lebensweisen in anderen Räumen und Regionen der Welt	Im Diorama oder einem Modul thematisierbar	5.7.1 sozialwiss. Persp. 5.7.3 geograph. Persp.
5.3 Mobilität im Raum		
Ausbildungsinhalte der Jugendverkehrsschule laut GemBek vom 15.05.2003	Üben der Verkehrsregeln im und am Modell	5.7.1 sozialwiss. Persp. 5.7.3 geograph. Persp.
Lernbereich 6: Technik und Kultur		
6.1 Arbeit, technische und kulturelle Entwicklung		
Arbeitsprozesse in Industrie und Handwerk (z. B. Fertigung von Kleidung)	Im Modell darstellbar	5.7.1 sozialwiss. Persp.
6.2 Bauen und Konstruieren		
Konstruktionsprinzipien bei Brückenmodellen (z. B. Balken-, Bogen-, Fachwerk- und Hängebrücken)	Bau von Modellbrücken	5.7.5 technische Persp.

Links: Gegenstandsbereiche und ausgewählte Unterbereiche des ‚Heimat- und Sachunterrichts' in Bayern

Rechts: mögliche Bezüge zur Modelleisenbahn und zur jeweiligen Perspektive

Quelle: In Anlehnung an Bayerisches Staatsministerium für Bildung und Kultus, Wissenschaft und Kunst 2014, S. 241-450

Baden-Württemberg

Bereiche des Sachunterrichts in Baden Württemberg

Auch der Bildungsplan Sachunterricht, wie der Lehrplan in Baden-Württemberg genannt wird, knüpft an die fünf Perspektiven des Perspektivrahmens Sachunterricht der GDSU an und gliedert sich in die folgenden fünf Bereiche:

1. Demokratie und Gesellschaft   4. Raum und Mobilität

2. Natur und Leben   5. Zeit und Wandel

3. Naturphänomene und Technik

(vgl. Ministeriums für Kultus, Jugend und Sport Baden-Württemberg 2016)

Die Lehrplantabelle 2 zeigt die einzelnen Bereiche und Unterbereiche für die Jahrgangsstufen 3 und 4. Bei jedem Unterbereich wird jeweils ein Teilbereich exemplarisch genannt und mit dem Lerngegenstand Modelleisenbahn verknüpft. Es können auch ganz andere Teilbereiche, die im Bildungsplan genannt werden, mi der Modelleisenbahn verknüpft werden.

Lehrplantabelle 2: Anknüpfungspunkte im Bildungsplan Baden-Württemberg

Links: Bereiche und ausgewählte Unterbereiche des Sachunterrichts

Rechts: möglicher Bezug zur Modelleisenbahn und zur jeweiligen Perspektive

Klassenstufe: 3 und 4	Modelleisenbahnbezug?	siehe Kapitel 5
Bereich 1: 3.2.1 Demokratie und Gesellschaft		
3.2.1.1 Leben in Gemeinschaft		
(2) Gestaltungs- und Mitbestimmungsmöglichkeiten des Zusammenlebens in der Klasse und der Schule beschreiben und angemessen nutzen (zum Beispiel durch Klassenrat, Schülerversammlung, Klassensprecherin/Klassensprecher)	Modellbau in der Gemeinschaft erfordert und fördert den Zusammenhalt	(perspektivübergeifend)
3.2.1.2 Arbeit und Konsum		
(5) unterschiedliche Berufe und Arbeitsstätten in Schule und Region erkunden und beschreiben (zum Beispiel in Hinblick auf Voraussetzungen, Tätigkeiten, Besonderheiten)	Berufe und Berufsstätten im Modell darstellbar	5.7.1 sozialwiss. Persp. 5.7.3 geograph. Persp. 5.7.5 technische Persp.
3.2.1.3 Kultur und Vielfalt		
(1) Lebenswelten von Kindern in Deutschland und in anderen Regionen der Erde geographisch verorten, beschreiben und mit dem eigenen Leben vergleichen	auf verschiedenen Modulen darstellbar	5.7.1 sozialwiss. Persp. 5.7.3 geograph. Persp. 5.7.4 historische Persp.
3.2.1.4 Politik und Zeitgeschehen		
(3) öffentliche Institutionen und ihre Aufgabenbereiche in der Region erkunden und deren Angebot nutzen (zum Beispiel Polizei, Bibliothek, Jugendhaus, Bürgerbüro, Museum)	als Modellgebäude darstellbar	5.7.1 sozialwiss. Persp. 5.7.3 geograph. Persp. 5.7.4 historische Persp.
Bereich 2: 3.2.2 Natur und Leben		
3.2.2.1 Körper und Gesundheit		
(3) Nahrungsmittel kriterienbezogen ordnen und deren Inhaltsstoffe untersuchen	Ursprung/Anbau der Nahrung im Modell darstellbar	5.7.1 sozialwiss. Persp. 5.7.2 naturwiss. Persp.
3.2.2.2 Tiere und Pflanzen in ihren Lebensräumen		
(1) Tiere und Pflanzen eines Lebensraums exemplarisch beschreiben, benennen und unterscheiden		5.7.2 naturwiss. Persp.

Bereich 3: 3.2.3 Naturphänomene und Technik		
3.2.3.1 Naturphänomene		
(9) die Trinkwasserversorgung und Abwasseraufbereitung am Wohnort beschreiben und einfache Funktionszusammenhänge erkennen (Prinzip der verbundenen Röhren, Absetz-, Filtrierversuche)	im Modell visuell darstellbar	5.7.2 naturwiss. Persp. 5.7.3 geograph. Persp. 5.7.5 technische Persp.
3.2.3.2 Materialien und ihre Eigenschaften		
(3) Möglichkeiten der Wiederverwertung (zum Beispiel durch Papier schöpfen) oder Weiterverwendung von Materialien (zum Beispiel durch die Herstellung von Spielzeug aus Abfall) exemplarisch nachvollziehen	verschiedene Materialien für Modellbau nutzen – Recycling	(pertspektivübergreifend)
3.2.3.3 Bauten und Konstruktionen		
(1) verschiedene Brückenmodelle aus Alltagsmaterialien bauen und deren Konstruktionsprinzipien beschreiben (zum Beispiel Balken-, Bogen-, Fachwerk- und Hängebrücke)	Brückenkonstruktionen im Modell bauen	5.7.5 technische Persp. (auch perspektivübergreifend)
3.2.3.4 Energie		
(3) ein Modell bauen, das die technische Nutzung unbegrenzter Energieträger zeigt (zum Beispiel Wind-, Wasserrad, Solarofen)	Modelle von Windkraftanlagen etc.	5.7.5 technische Persp.
Bereich 4: 3.2.4 Raum und Mobilität		
3.2.4.1 Orientierung im Raum		
(5) sich anhand von Orientierungshilfen (zum Beispiel mit einer einfachen Kartenskizze, einem Ortsplan, einer topografischen Karte, einem Verkehrsnetzplan der eigenen Region und – wenn vorhanden – mit GPS-Gerät) im Realraum orientieren und ausgewählte Orte auffinden	anhand von Karten ein oder meherer Module gestalten ODER anhand von Modulen Kartenskizzen anfertigen	5.7.3 geograph. Persp. (auch perspektivübergreifend)
3.2.4.2 Mobilität und Verkehr		
(1) Grundvoraussetzungen für die sichere Teilnahme am Verkehr beschreiben und sachgerecht umsetzen (Verkehrszeichen, Verkehrsregeln, Schutzkleidung)	Straßenzüge mit Verkehrszeichen im Modell	5.7.1 sozialwiss. Persp. 5.7.3 geograph. Persp.
Bereich 5: 3.2.5 Zeit und Wandel		
3.2.5.1 Vergangenheit, Gegenwart und Zukunft		
(3) ausgewählte Erfindungen, deren Entwicklung und die Auswirkung auf die Lebenswelt beschreiben und mit Blick auf die Zukunft reflektieren (zum Beispiel Kommunikations- und Fortbewegungsmittel, Werkzeuge, technische Geräte)	Eisenbahnen und ander Forbewegungsmittel im Modell darstellbar	5.7.4 historische Persp.
3.2.5.2 Zeitzeugnisse, Zeitzeugen und Quellen		
(2) aus Quellen gewonnene Informationen sammeln, vergleichen und zur Beschreibung und Darstellung historischer Gegebenheiten nutzen	Quellen nutzen für Bau historischer Dioramen	5.7.1 sozialwiss. Persp. 5.7.3 geograph. Persp. 5.7.4 historische Persp. 5.7.5 technische Persp.

Quelle: In Anlehnung an Ministeriums für Kultus, Jugend und Sport Baden-Württemberg 2016

Berlin und Brandenburg

Themenfelder des Sachunterrichts im gemeinsamen Rahmenlehrplan in Berlin und Brandenburg

Die Länder Berlin und Brandenburg besitzen für fast alle Fächer gemeinsame kompetenzorientierte Rahmenlehrpläne. Das Fach Sachunterricht gliedert sich neben eigenen Themenfelder in acht folgenden Themenfelder:

1. Erde	3. Markt	5. Tier	7. Wohnen
2. Kind	4. Rad	6. Wasser	8. Zeit

(vgl. Landesinstitut für Schule und Medien Berlin-Brandenburg (LISUM) 2015, S. 27)

Die Lehrplantabelle 3 zeigt die einzelnen Themenbereiche und Themen für die Jahrgangsstufen 3 und 4. Bei jedem Themenfeld wird jeweils ein Thema (meist durch eine Fragestellung) exemplarisch genannt und mit dem Lerngegenstand Modelleisenbahn verknüpft. Dies ist nur exemplarisch zu verstehen. Es können auch andere Themen bildungswirksam mit der Modelleisenbahn verknüpft werden.

Lehrplantabelle 3: Anknüpfungspunkte im Rahmenlehrplan Berlin & Brandenburg

Links: Themenbereiche und ausgewählte Unterbereiche des Sachunterrichts in Berlin und Brandenburg

Rechts: mögliche Bezüge zur Modelleisenbahn und zur jeweiligen Perspektive

Klassenstufe: 3 und 4	Modelleisenbahnbezug?	siehe Kapitel 5
Themenfeld 1: Erde		
Welche Lebensräume findet man auf der Erde? (Globale Lebensräume)		
– Wiesen, Wälder, Gewässer, Gebirge, Wüsten, Steppen	all dies im Modell darstellbar	5.7.2 naturwiss. Persp. 5.7.3 geograph. Persp.
Wo leben wir? (Europa – Deutschland – unser Bundesland: Berlin bzw. Brandenburg)		
– Besonderheiten des Bezirks/des Kreises von Wohn- und Schulort	Nachbau der Besonderheiten im Modell	(perspektivübergreifend)
Wie leben wir hier? (Politik und Verwaltung)		
– öffentliche Einrichtungen (z. B. Spielplatz, Bibliothek)	Bau jener Einrichtungen im Modell	5.7.1 sozialwiss. Persp. 5.7.3 geograph. Persp. 5.7.4 historische Persp.
Wie ist es so geworden? (ältere Geschichte und jüngere Zeitgeschichte)		
– Gründungs- und Entwicklungsgeschichte (Berlin bzw. Brandenburg)	Nachbau historischer Stätten	5.7.4 historische Persp.
Wie sieht es hier aus und was wächst? (Landschaft und Ökologie)		
– Pflanzen und Tiere (siehe Tier)	Darstellung der Lebensräume von Pflanzen und Tieren	5.7.2 naturwiss. Persp.
Themenfeld 2: Kind		
Wie leben Kinder? (Kinder als Teil der Familie und als Individuum)		
– Kindsein weltweit (z. B. Spielen, Schule)	Kinder im Modell in geeigneten Situationen darstellen	5.7.1 sozialwiss. Persp. 5.7.3 geograph. Persp.
Wie funktioniert unser Körper?		
– Sinne (Hören, Sehen, Riechen, Schmecken, Fühlen; wenn ein Sinn fehlt)	behinderten Modellgebäude bauen	5.7.1 sozialwiss. Persp.
Was ist für unser Zusammenleben wichtig? (Beziehungen leben und gestalten)		
– Unternehmungen und Freizeit	Freizeitaktivitäten im Modell darstellen, Modelleisenbahn als Freizeitaktivität	5.7.1 sozialwiss. Persp. 5.7.3 geograph. Persp. 5.7.5 technische Persp.

Welche Rechte haben Kinder? (Kinder als Teil der Gesellschaft)

– Kinder werden beteiligt und beteiligen sich (z. B. Klassenrat, Kinderparlament, kommunale Ausschüsse)	Bau in der Gruppe erfordert demokratisches Handeln	(perspektivübergreifend)

Womit kennen wir uns aus?

– Werkzeuge	Umgang mit Werkzeugen beim Bau	(perspektivübergreifend)

Wie lebten Kinder früher? (z. B. in der Eltern- und Großelterngeneration)

– Schule	Bau einer hist. Schule im Modell	5.7.4 historische Persp.

Themenfeld 3: Markt

Einkaufen, aber wo und wie? (Kinder als Konsumenten)

– Unterschiede/Gemeinsamkeiten von Wochenmarkt, Einzelhandelsladen, Kiosk, Bioladen, Supermarkt und Onlineshopping	Darstellung einer oder mehrerer Marktsituationen	5.7.1 sozialwiss. Persp. 5.7.3 geograph. Persp..

Was gehört alles zu einem Markt? (Aufbau und Technik)

– Wochenmarkt: Marktstände, Abteilungen, Kasse, unterschiedliche Waagen	Darstellung von Marktsituationen	5.7.1 sozialwiss. Persp. 5.7.3 geograph. Persp..

Warum muss man bezahlen? (Zahlungsmittel und Werte)

– Obst und Gemüse (Unterscheidung, Sorten)	Anbau im Modell darstellbar	5.7.1 sozialwiss. Persp. 5.7.2 naturwiss. Persp. 5.7.5 technische Persp.

Was liefern uns die Tiere?

– Formen von Tierhaltung (z. B. Rind oder Huhn) (siehe Tier)	Haltungssituationen im Modell darstellbar	5.7.1 sozialwiss. Persp. 5.7.2 naturwiss. Persp. 5.7.5 technische Persp.

Was ist gesunde Ernährung? Was schadet uns? (Gesundheit und Prophylaxe)

– gesunde Ernährung	bedingt im Modell darstellbar, aber möglich	(perspektivübergreifend)

Seit wann gibt es Märkte?

– Ein- und Verkauf auf dem zentralen Platz im Mittelalter	histor. Marktsituation im Modell darstellbar	5.7.1 sozialwiss. Persp. 5.7.4 historische Persp.

Wie kommen die Produkte auf und in den Markt? (Verarbeitung, Verpackung und Transport)

– der Weg vom frischen Produkt bis in die Verpackung (z. B. Obst)	Warenkette im Modell darstellbar	5.7.1 sozialwiss. Persp.

Themenfeld 4: Rad

Was bewegt sich wie?

– Bewegung ohne Rollen (z. B. Ski, Schlittschuh, Laufen auf 2, 4, 6, 8 Beinen)	im Diorama darstellbar	5.7.1 sozialwiss. Persp.

Wie kam und kommt das Rad ins Rollen?

– alles was rollt (mit und ohne Motor)	Fortbewegungsmittel im Modell	5.7.1 sozialwiss. Persp. 5.7.5 technische Persp.

Was ist im Straßenverkehr zu beachten? (Mit dem Fahrrad unterwegs3)

– Vorfahrtsregeln	Straßen und Verkehrszeichen im Modell	5.7.1 sozialwiss. Persp. 5.7.3 geograph. Persp. 5.7.5 technische Persp.

Welche Verkehrsmittel und -wege gibt es?

– Straßen-, Rad- und Wasserwege, Flugrouten	weitestgehend im Modell darstellbar	5.7.1 sozialwiss. Persp. 5.7.3 geograph. Persp. 5.7.5 technische Persp.

Sehen und gesehen werden, wie geht das?

– toter Winkel	Erklärung im Modell möglich	5.7.1 sozialwiss. Persp. 5.7.5 technische Persp.

Was bringt die Lampe zum Leuchten?

– Stromkreis	Stromkreise am Fahrrad und im Modell	5.7.2 naturwiss. Persp. 5.7.5 technische Persp.

Warum will ich woanders hin?

– Motivationen und Ziele von Ortswechseln (z. B. Schule, Freizeit, Beruf)	kreative Modulgestaltung - Wo möchte ich gern sein?	(perspektivübergreifend)

Was haben Menschen noch so alles erfunden?

– von Erfindungen (z. B. Faustkeil, Textilien, Metallverarbeitung, Schrift, Buchdruck, Linsenoptik, Uhr, Eisenbahn, Fotografie, Rundfunk, Penicillin, Computer, Weltraumrakete, Internet, Gentechnik)	bedingt im Modell darstellbar, aber möglich	5.7.1 sozialwiss. Persp. 5.7.2 naturwiss. Persp. 5.7.4 historische Persp. 5.7.5 technische Persp.

Themenfeld 5: Tier		
Was für Tiere gibt es? Wie kann man sie einteilen?		
– Tiere und ihre jeweiligen Lebensräume (Luft, Wasser, auf und in der Erde)	im Modell darstellbar	5.7.2 naturwiss. Persp.
Welche Tiere leben bei uns?		
– Lebens- und Umweltbedingungen für ausgewählte Tiere (im Wald, auf dem Land und in der Stadt)	Tiere in ihrem Lebensumfeld im Modell	5.7.2 naturwiss. Persp.
Alle wollen ein Haustier?		
– Bedingungen artgerechter Haltung (z. B. Katzen, Hunde, Nager)	artgerechte Haltung im Modell darstellbar	5.7.1 sozialwiss. Persp. 5.7.2 naturwiss. Persp. 5.7.5 technische Persp.
Welchen Nutzen haben Menschen von Tieren?		
– wichtige Nutztiere in der Region	im Modell darstellbar	5.7.1 sozialwiss. Persp. 5.7.2 naturwiss. Persp.
Wie war das mit den Dinosauriern?		
– Arten, Lebensweise und Ernährung	Bau eines Miniatur-'Jurassic Parks'	5.7.2 naturwiss. Persp. 5.7.4 historische Persp.
Themenfeld 6: Wasser		
Was und wie ist Wasser?		
– Eigenschaften des Wassers mit den Sinnen wahrnehmen und untersuchen: Geschmack (z. B. von Mineralwasser, Salzwasser und stillem Wasser); Farbe; Geruch (z. B. Leitungs-, Seifen- und Teichwasser); Bewegung (z. B. fließendes Wasser, Wirbel und Wellen); kaltes und warmes Wasser fühlen; Auftrieb und Widerstand von Wasser körperlich wahrnehmen; akustische Leitfähigkeit erkunden	bedingt im Modell darstellbar, aber möglich	(perspektivübergreifend)
Wo kommt Wasser vor? Welche Gewässer gibt es? (lokal, regional, global)		
– Seen und Teiche, Flüsse und Bäche, Moore	modellhafte Darstellung möglich	5.7.2 naturwiss. Persp.
Kein Leben, kein Alltag ohne Wasser?		
– unser Leitungswasser: wo es herkommt und wohin es fließt, Reinigung und Schutz (z. B. Grundwasser, Brunnen, Wasserwerk, Klärwerk, Kanalisation)	im Modell darstellbar	5.7.1 sozialwiss. Persp. 5.7.2 naturwiss. Persp. 5.7.5 technische Persp.
Wer lebt im und am Wasser? (Wasser als Lebensraum, z. B. Teich, See, Fluss)		
– Lebensgemeinschaft am und im Gewässer (Zusammenhänge, Abhängigkeiten)	Tier- und Pflanzenwelt im Modell	5.7.2 naturwiss. Persp.
Was kann Wasser bewirken?		
– im Wasser steckt nutzbare Energie (vom Wasserrad zum Wasserkraftwerk)	Wasserkraftanlage im Modell darstellbar	5.7.2 naturwiss. Persp. 5.7.5 technische Persp.
Wie nutzen Menschen Wasser?		
– der Mensch baut Wasserwege (Kanäle)	Kanaldarstellung(en) im Modell	5.7.3 geograph. Persp. 5.7.5 technische Persp.
Themenfeld 7: Wohnen		
Wie und wo wohnen und leben wir?		
– Zimmer, Wohnung, Wohnhaus, Kiez (siehe Kind)	Gestaltung von Modellzimmern in Gebäuden der Anlage	5.7.1 sozialwiss. Persp. 5.7.3 geograph. Persp.
Wie wohnten Menschen früher?		
– vom Dorf zur Stadt	histor. Dorf- und Stadtlandschaften im Modell darstellbar	5.7.1 sozialwiss. Persp. 5.7.4 historische Persp.
Wie baut man ein Haus?		
– alternative Hausmodelle und das Haus der Zukunft	kreativer Bau eines oder mehrerer Zukunftshäusr im Modell	5.7.1 sozialwiss. Persp. 5.7.4 historische Persp. 5.7.5 technische Persp.
Wie wohnen andere Menschen bei uns und Menschen anderswo? (Vielfalt)		
– andere Lebensräume – andere Wohnformen (an Beispielen)	auf separaten Modulen oder Dioramen darstellbar	5.7.1 sozialwiss. Persp. 5.7.3 geograph. Persp.
Wer lebt hier wie? Wovon leben die Menschen? (Gesellschaft, Wirtschaft und Politik)		
– Produktion, Aus- und Einfuhr, Einkaufen, Arbeit, Berufe (siehe Markt)	Warenflüsse und Berufe im Modell darstellbar	5.7.1 sozialwiss. Persp. 5.7.3 geograph. Persp.

Was kann man hier unternehmen? (Sport, Freizeit, Kultur und Engagement)		
– Spielplätze, Sportstätten und -angebote	im Modell darstellbar	5.7.1 sozialwiss. Persp. 5.7.3 geograph. Persp. 5.7.5 technische Persp.
Wie stellen wir uns die Zukunft vor? (Zukunftsschmiede)		
– Planungs- und Entwicklungsideen (z. B. für die eigene Schule, den Wohnort, die Verkehrsplanung, Freizeitangebote, Orte der Begegnung)	fantasievolle Gestaltung des zukünftigen Ortes	(perspektivübergreifend)
Wie funktioniert ein Wohnhaus?		
– technische Ausstattung (z. B. Bad und Toilette, Waschmaschine, Heizung) (siehe Wasser)	Blick in ein Modellhaus	5.7.1 sozialwiss. Persp. 5.7.2 naturwiss. Persp. 5.7.5 technische Persp.
Themenfeld 8: Zeit		
Kann man Zeit sichtbar machen?		
– Uhr	Fahrplaneinbindung im Modellbahnbetrieb	(perspektivübergreifend)
Was kehrt immer wieder?		
– Wetterphänomene zu bestimmten Jahreszeiten	Gestaltung von Modelllandschaften je nach Jahreszeit	5.7.2 naturwiss. Persp.
Was verändert sich mit der Zeit? (Zyklen)		
– Lebenszyklus des Menschen (z. B. Schwangerschaft, Geburt, Tod)	Darstellung geeigneter Situationen durch Modellfiguren	(perspektivübergreifend)
Woher bekommen wir Wissen über die Vergangenheit?		
– Quellen (Bild, Text, Sache) geben Auskunft	Einbeziehen bei Recherchearbeit	(perspektivübergreifend)
Wie lebten die Menschen früher? (z. B. in der Steinzeit, im alten Ägypten, im Mittelalter)		
– Unterschiede und Ähnlichkeiten im Vergleich zu heute	in Dioramen darstellbar	5.7.1 sozialwiss. Persp. 5.7.4 historische Persp. 5.7.5 technische Persp.

Quelle: In Anlehnung an Landesinstitut für Schule und Medien Berlin-Brandenburg (LISUM) 2015, S. 28-43

Bremen

Der Bildungsplan, wie der Lehrplan in Bremen bezeichnet wird, gliedert das Fach Sachunterricht in die folgenden acht verbindliche Lernfelder:

Lernfelder des Sachunterrichts im Bildungsplan von Bremen

1. Gesellschaft und Individuum   5. Zeit, Veränderung und Geschichte

2. Entwicklung und Persönlichkeit   6. Natur

3. Region, Raum und Mobilität   7. Technik und Medien

4. Europa und Welt   8. Arbeit, Wirtschaft und Konsum

(vgl. Senator für Bildung und Wissenschaft 2007, S. 16)

Die Lehrplantabelle 4 zeigt die einzelnen Lernfelder und Themen für die Jahrgangsstufen 3 und 4. Bei jedem Lernfeld wird jeweils ein Thema (meist durch eine Fragestellung) exemplarisch genannt und mit dem Lerngegenstand Modelleisenbahn verknüpft. Auch hier ist es nur exemplarisch zu verstehen. Es können ebenfalls wieder andere Themen bildungswirksam mit der Modelleisenbahn verknüpft werden.

Links: Lernfelder
und ausgewählte
Unterbereiche
des Sachunter-
richts in Bremen

Rechts: mögliche
Bezüge zur Mo-
delleisenbahn
und zur jeweili-
gen Perspektive

Lehrplantabelle 4: Anknüpfungspunkte im Bildungsplan Bremen

Klassenstufe: 3 und 4	Modelleisenbahnbezug?	siehe Kapitel 5
Lernfeld 1: Gesellschaft und Individuum		
Lebensgemeinschaft Schule		
- Planung von Lern- und Lebensräumen in der Schule, funktionale, ästhetische, ökologische (z.B. Energie sparen) und ökonomische Aspekte (z.B. Einrichtung einer Cafeteria oder eines Ladens durch die Kinder) beachten, Möglichkeiten der Realisierung erkunden	bedingt im Modell darstellbar, Modell der Schule und des Schulgeländes	(perspektivübergreifend)
Regeln und soziale Beziehungen		
- Perspektivenübernahme: Perspektiven des Selbst und des Anderen miteinander koordinieren und deren gegenseitiges Aufeinanderwirken erwägen	Bau der Modelleisenbahn(-analage) in der Gruppe	(perspektivübergreifend)
Eigene Interessen vertreten – Rechte von Kindern		
- Demokratische Mitwirkung in der Schule praktizieren, Konfliktlösungsstrategien im Klassenrat entwickeln	Bau der Modelleisenbahn(-analage) in der Gruppe	(perspektivübergreifend)
Öffentlichkeit und Gemeinwesen		
- Demokratische, z.B. kommunale Entscheidungsgremien kennen lernen, Einwirkungs- und Mitgestaltungsmöglichkeiten in politischen Handlungsfeldern, z.B. bei der Schulwegsicherung oder Spielplatzgestaltung nutzen und anwenden. Teilnahme an kommunaler Kinderpolitik z.B. Kinderparlament	im Modell darstellbar (Gebäude und Funktion)	5.7.1 sozialwiss. Persp. 5.7.3 geograph. Persp.
Konflikt, Interesse, Macht		
- Ausgewählte Lebensumstände von Menschen in anderen Lebenssituationen darstellen und mit der eigenen vergleichen	im Modell und in Dioramen darstellbar	5.7.1 sozialwiss. Persp.
Wissenschaftsverständigkeit		
- Was bedeutet Forschen	Bau der Modelleisenbahn erfordert forschenden Geist (auch im außerschulischen Kontext)	(perspektivübergreifend)
Lernfeld 2: Entwicklung und Persönlichkeit		
Die eigene Person		
- Geschlechterrollen im Wandel der Zeiten	durch Modellfiguren in Dioramen darstellbar	5.7.1 sozialwiss. Persp. 5.7.4 historische Persp.
Der Körper		
- Schönheitsideale im Wandel der Zeiten und in verschiedenen Kulturen	durch Modellfiguren in Dioramen darstellbar	5.7.1 sozialwiss. Persp. 5.7.4 historische Persp.
Sexualität und Geschlecht		
- Verliebt sein, Freundschaft und Vertrauen	durch Modellfiguren in Dioramen darstellbar	5.7.1 sozialwiss. Persp.
Lernfeld 3: Region, Raum und Mobilität		
Der Stadtteil als Lebensraum		
- öffentliche Einrichtungen, deren Bedeutung und die Aufgaben der dort arbeitenden Menschen und technische Einrichtungen erkunden	modellhafte Darstellung von Gebäuden und deren Funktion	5.7.1 sozialwiss. Persp. 5.7.3 geograph. Persp. 5.7.5 technische Persp.
Bremen, Bremerhaven und Umgebung		
- Stadtpläne von Bremen/Bremerhaven lesen und nutzen, Darstellung und Wirklichkeit vergleichen; Himmelsrichtungen bestimmen und ihre Bedeutung für die Ausrichtung von Karten erfahren, Entfernungen aus einer Karte ermitteln	Modellbau nach Karten / Modelleisebahnanlage zur Anfertigung von Karten nutzen	5.7.3 geograph. Persp.
Mobilität		
- Verkehrsregeln für Fußgänger und Radfahrer	im Modell darstellbar und für Erklärungen nutzbar	5.7.1 sozialwiss. Persp. 5.7.3 geograph. Persp.
Lernfeld 4: Europa und Welt		
Bremen/Bremerhaven		
- Orientierung auf der Landkarte	bedingt im Modell darstellbar	(perspektivübergreifend)

Deutschland		
- Orientierung auf der Landkarte	bedingt im Modell darstellbar	(perspektivübergreifend)
Europa		
- Alltag der Kinder in einem anderen europäischen Land	durch Modellfiguren in Dioramen darstellbar	5.7.1 sozialwiss. Persp. 5.7.3 geograph. Persp.
Ferne Länder		
- Vergleich der eigenen Lebensbedingungen mit denen von Kindern und Erwachsenen aus einem Land Asiens, Afrikas oder Lateinamerikas, z.B. Ernährung, Wohnen, Schule, Arbeit (Kinderarbeit), Freizeit	durch Modellfiguren in Dioramen und thematischen Modulen darstellbar	5.7.1 sozialwiss. Persp. 5.7.3 geograph. Persp.
Lernfeld 5: Zeit, Veränderung und Geschichte		
Zeitmessung und Zeiteinteilung		
- Zeitspannen schätzen und messen	bedingt im Modell darstellbar, aber fahrende Modelleisenbahnen können genutzt werden	(perspektivübergreifend)
Geschichte Bremens und Bremerhavens		
- Spuren vergangener Zeiten: Gebäude, historische Quellen	im Modell darstellbar	5.7.4 historische Persp.
Kindheits- und Familiengeschichte in der Vergangenheit und Gegenwart- Spurensuche im Stadtteil		
- Kindheit, Familienleben, Lebensbedingungen und Alltag verschiedener gesellschaftlicher Gruppen, Glaubensvorstellungen, Sitten und Gebräuche an einem Beispiel kennen lernen	durch Modellfiguren in Dioramen und thematischen Modulen darstellbar	5.7.1 sozialwiss. Persp. 5.7.3 geograph. Persp.
Leistungen früherer Kulturen		
- an einem Beispiel erkunden, z.B. Entwicklung von Schrift, Schreibwerkzeugen und Drucktechniken oder Papierherstellung in verschiedenen Zeiten und Kulturen	bedingt im Modell darstellbar	5.7.4 historische Persp.
Lernfeld 6: Natur		
Pflanzen		
- Ursachen der Gefährdung von Pflanzen (Flächenversiegelung, Bodenverunreinigung, Düngung, Verkehr etc.)	Im Modell darstellbar	5.7.2 naturwiss. Persp. 5.7.3 geograph. Persp. 5.7.5 technische Persp.
Tiere		
- Angepasstheit eines Tieres an seinen Lebensraum erkunden und dokumentieren	im Modell darstellbar nach erkundender Dokumentation	5.7.2 naturwiss. Persp.
Biotop		
- Lebensbedingungen von Pflanzen und Tieren und ihre wechselseitige Abhängigkeit in einem Biotop untersuchen und dokumentieren (Nahrungsketten)	Biotob im Modell darstellbar	5.7.2 naturwiss. Persp.
Wasser/Luft/Boden		
Beobachtungen und Versuche planen und durchführen zu:- oder Boden: Wasserdurchlässigkeit, Bodenbestandteile, Bodenarten	Bodenarten im Modell darstellbar	5.7.2 naturwiss. Persp. 5.7.3 geograph. Persp.
Wetter		
- Wasserkreislauf	bedingt im Modell darstellbar, aber möglich	5.7.2 naturwiss. Persp. 5.7.3 geograph. Persp.
Planet Erde		
- Ursachen von Vulkanausbrüchen:, Fließeigenschaften von Lava untersuchen	durch Vulkanmodell darstellbar	5.7.2 naturwiss. Persp. 5.7.3 geograph. Persp.
Weltall		
- Vorstellungen von der Erde als Teil des kosmischen Systems entwickeln	bedingt darstellbar	5.7.2 naturwiss. Persp. 5.7.3 geograph. Persp.
Licht, Klänge und Geräusche		
- Gesundheitsgefährdung durch Lärm: z.B. Musik über Kopfhörer, Fluglärm	bedingt im Modell darstellbar	(perspektivübergreifend)
Magnetismus und Elektrizität		
- Bau eines einfachen Stromkreises (Beleuchtung eines Puppenhauses, einer Tankstelle)	Beleuchtung an Modellgebäuden	5.7.5 technische Persp.
Wissenschaftsverständigkeit		
- die Bedeutung der Naturwissenschaften in der Kultur und Gesellschaft	bedingt im Modell darstellbar	(perspektivübergreifend)

Lernfeld 7: Technik und Medien		
Herstellen von Produkten		
- Herstellungsprozess planen, Entwürfe zeichnerisch und sprachlich darstellen und umsetzen, z.B. Buchstützen, Kuscheltiere, Puppen, Gefäße aus Ton, Papier, Geobrett, Roboter, Raketen, Somawürfel und Tangram	Modelleisenbahn(-anlage) als Produkt	(perspektivübergreifend)
Montieren, Demontieren, Analysieren		
- Technische Zusammenhänge und Funktionsweisen durch Zerlegen und Zusammenbauen an einem Beispiel erarbeiten wie z.B. Fahrrad, Fön, Bügeleisen, Waage	Wartung von Loks	5.7.5 technische Persp.
Technische Entwicklungen und Errungenschaften		
- Nutzung von Naturkräften und erneuerbarer Energie (Wind, Wasser, Sonne, Biomasse)	im Modell darstellbar	5.7.5 technische Persp.
Technische Gegenstände als bedürfnisorientierte Problemlösungen		
- beispielhafte Bau- und Funktionsweisen (Bauwerke, Werkzeugmaschinen)	im Modell darstellbar und erlebbar	5.7.5 technische Persp.
Medien		
- eigene mediale Produkte gestalten, präsentieren und verbreiten: z. B. Filme, Nachrichtensendungen, Fotodokumentationen, Zeitungen, Werbung	Projektfilm mit der Modelleisenbahn(-anlage) - Werbung für Schule	(perspektivübergreifend)
Lernfeld 8: Arbeit, Wirtschaft und Konsum		
Arbeit		
- Verschiedene Berufe und Arbeitsplätze in Landwirtschafts-, Industrie- und Dienstleistungssektor erkunden: Arbeitsabläufe, Produktionsprozesse, Unterschiede zwischen handwerklicher und industrieller Fertigung	im Modell darstellbar	5.7.1 sozialwiss. Persp. 5.7.5 technische Persp.
Wirtschaft, Konsum und Werbung		
- Werbesequenz selber herstellen	Projektfilm mit der Modelleisenbahn(-anlage) - Werbung für Schule	(perspektivübergreifend)

Quelle: In Anlehnung an Senator für Bildung und Wissenschaft 2007, S. 18f., 21, 23, 25, 27, 29f., 32, 34

Die Lehrpläne sind weitestgehend im Web abrufbar und können oft auch im PDF-Format heruntergeladen werden. Die folgende Liste beinhaltet alle länderspezifischen Links für das Fach Sachunterricht.

Lehrpläne Sachunterricht aller Bundesländer in Deutschland

Lehrpläne Sachunterricht in den Bundändern (Stand: Januar 2023)

KMK: Bildungspläne / Lehrpläne der Länder im Internet
Web: https://www.kmk.org/dokumentation-statistik/rechtsvorschriften-lehrplaene/uebersicht-lehrplaene.html (Stand: 01. März 2022).

Baden-Württemberg
Web: https://www.bildungsplaene-bw.de/,Lde/LS/BP2016BW/ALLG/GS/SU
PDF: https://www.bildungsplaene-bw.de/site/bildungs-plan/get/documents/lsbw/export-pdf/depot-pdf/ALLG/BP2016BW_ALLG_GS_SU.pdf

Bayern
LehrplanPLUS (alle Fächer)
Web: www.lehrplanplus.bayern.de/schulart/grundschule
PDF: www.lehrplanplus.bayern.de/sixcms/media.php/107/Lehrplan-PLUS%20Grundschule%20StMBW%20-%20Mai%202014.6978332.pdf

Berlin/Brandenburg
Web: https://bildungsserver.berlin-brandenburg.de/rlp-online/c-faecher/sachunterricht
PDF: https://bildungsserver.berlin-brandenburg.de/fileadmin/bbb/unterricht/rahmenlehrplaene/Rahmenlehrplanprojekt/amtliche_Fassung/Teil_C_Sachunterricht_2015_11_16_web.pdf

Bremen
PDF: www.lis.bremen.de/sixcms/media.php/13/07-08-23_Sachunterricht.pdf

Hamburg
Web/PDF: https://www.hamburg.de/bsb/bildungsplaene-2022/16762708/sachunterricht-gs-2022/

Hessen (alle Fächer)
PDF: https://kultusministerium.hessen.de/sites/kultusministerium.hessen.de/files/2021-06/rahmenplan_grundschule_95.pdf

Mecklenburg-Vorpommern
Web: https://www.bildung-mv.de/schueler/schule-und-unterricht/faecher-und-rahmenplaene/rahmenplaene-an-allgemeinbildenden-schulen/sachunterricht/index.html
PDF (Schuljahr 2022/23): https://www.bildung-

mv.de/export/sites/bildungsserver/downloads/unterricht/rahmenplaene_all-gemeinbildende_schulen/sachunterricht/rp-sachunterricht-gs.pdf

Niedersachsen
Web: https://bildungsportal-niedersachsen.de/unterricht-mehr/unterrichts-faecher/primarbereich/sachunterricht

Nordrhein-Westfalen
Web (Lehrplannavigator - alle Fächer): https://www.schulentwick-lung.nrw.de/lehrplaene/lehrplannavigator-grundschule/

Rheinland-Pfalz
Web (Datenbank - alle Fächer): https://lehrplaene.bildung-rp.de/?category=2
PDF (Sachunterricht): https://lehrplaene.bildung-rp.de/no-cache.html?tx_pitsdownloadcenter_pitsdownloadcenter%5Bcontroller%5D=Download&tx_pitsdownloadcenter_pitsdownloadcenter%5Baction%5D=forceDownload&tx_pitsdownloadcenter_pitsdownloadcenter%5Bfileid%5D=rbhvhvcDSq6bE2s%2B%2Be2skw%3D%3D

Saarland
PDF (Sachunterricht): https://www.saarland.de/SharedDocs/Downloads/DE/mbk/Lehrplaene/Lehrplaene_Grundschule/GS_Kernlehrplan_Sachunterricht.pdf?__blob=publicationFile&v=2

Sachsen
Web: https://www.schulportal.sachsen.de/lplandb/index.php?lplanid=80&lplansc=2DYw4je6s74vCaxRHqx6&token=6a852d4abb2456f1ef5971a330accc8d
PDF: http://lpdb.schule-sachsen.de/lpdb/web/downloads/12_lp_gs_sachunterricht_2019.pdf

Sachsen-Anhalt
PDF: https://lisa.sachsen-anhalt.de/fileadmin/Bibliothek/Politik_und_Verwaltung/MK/LISA/Unterricht/Lehrplaene/GS/Anpassung/lp_gs_sach_01_08_2019.pdf

Schleswig-Holstein
Web: https://fachportal.lernnetz.de/sh/fachanforderungen/sachunterricht.html

Thüringen
Web: https://www.schulportal-thueringen.de/media/detail?tspi=1264
PDF: https://www.schulportal-thueringen.de/tip/resources/medien/13947?dateiname=lp_HSK_2015.pdf

3.4 Anknüpfungspunkte in ausgewählten Fächern

3.4.1 Deutsch

Laut der KMK gliedert sich der Deutschunterricht in vier Kompetenzberei- *Kompetenzberei-*
che. Diese vier Kompetenzbereiche sind integrativ aufeinander bezogen, *che für Deutsch*
wobei die Methoden und Arbeitstechniken durch die Inhalte der jeweiligen *gemäß der Bil-*
dungsstandards
Kompetenzbereiche definiert werden (vgl. Ständige Konferenz der Kultus- *der KMK*
minister der Länder in der Bundesrepublik Deutschland 2005a, S. 7 f.), siehe
Abbildung 9.

Abbildung 9: Kompetenzbereiche des Faches Deutsch

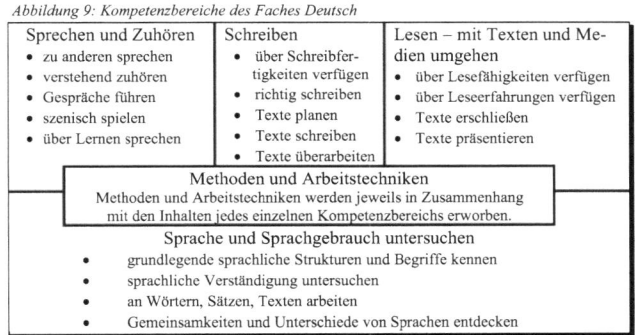

Sprechen und Zuhören	Schreiben	Lesen – mit Texten und Medien umgehen
• zu anderen sprechen	• über Schreibfertigkeiten verfügen	• über Lesefähigkeiten verfügen
• verstehend zuhören	• richtig schreiben	• über Leseerfahrungen verfügen
• Gespräche führen	• Texte planen	• Texte erschließen
• szenisch spielen	• Texte schreiben	• Texte präsentieren
• über Lernen sprechen	• Texte überarbeiten	

Methoden und Arbeitstechniken
Methoden und Arbeitstechniken werden jeweils in Zusammenhang
mit den Inhalten jedes einzelnen Kompetenzbereichs erworben.

Sprache und Sprachgebrauch untersuchen
•	grundlegende sprachliche Strukturen und Begriffe kennen
•	sprachliche Verständigung untersuchen
•	an Wörtern, Sätzen, Texten arbeiten
•	Gemeinsamkeiten und Unterschiede von Sprachen entdecken

Quelle: In Anlehnung an Ständige Konferenz der Kultusminister der Länder in der Bundesrepublik Deutschland 2005a, S. 7

Hinweis: NEUE Bildungsstandards Deutsch

Im Juni 2022 wurden neue Bildungsstandards für das Fach Deutsch beschlossen. Die Arbeit, auf der sich das vorliegende Buch stützt, verwendete noch die älteren Standards von 2004. Die vier Kompetenzbereiche sind weitestgehend gleich geblieben. Jedoch kam ein fünfter Bereich ‚sich mit Texten und anderen Medien auseinandersetzen' hinzu. Zusätzlich gibt es eine Unterscheidung zwischen prozessbezogenen Kompetenzbereichen ('Sprechen und Zuhören', 'Schreiben' und 'Lesen'), welche auch überfachliche Bedeutung haben, und den domänenspezifischen Kompetenzbereichen ('Sich mit Texten und anderen Medien auseinandersetzen' und 'Sprache und Sprachgebrauch untersuchen'), welche dem Fach Deutsch als Domäne zeigen sind (vgl. Ständige Konferenz der Kultusminister der Länder in der Bundesrepublik Deutschland 2022a, S. 8).

Das *Sprechen* und das *Zuhören* dienen nicht nur als ein zentrales Mittel der Kommunikation in schulischen und außerschulischen Bereichen, sondern sollen die Schülerinnen und Schüler zur Entwicklung einer demokratischen Gesprächskultur und zur Erweiterung ihrer mündlichen Sprachhandlungskompetenz befähigen. Sie werden sich der Gesprächsführung, des Erzählens und der Gesprächsgestaltung durch das Geben und der Verarbeitung von Informationen als mündliche Beiträge im Unterricht bewusst. Die Schülerinnen und Schüler können ihre Gedanken und Gefühle ausdrücken und ihre Äußerungen situations- und adressatenbezogen formulieren, wobei sie durch das aufmerksame Zuhören die Äußerungen der anderen wahrnehmen und sich mit diesen konstruktiv beschäftigen (vgl., S. 8).

Ziele des sächsischen Lehrplans Deutsch

Der sächsische Lehrplan für das Fach Deutsch „leistet einen fundamentalen Beitrag für die kognitive, emotionale und soziale Entwicklung" (Sächsisches Staatsministerium für Kultus 2004/2009/2019b, S. 2). Dabei sind die beiden Kulturtechniken des Lesens und des Schreibens die Basis, um das weiterführende Lernen, die Mitwirkung am Gesellschaftsleben sowie die Erschließung der Welt für die Schülerinnen und Schüler zu fördern (vgl. ebd.). Die allgemeinen Ziele des Faches Deutsch sind der „Erwerb von Grundlagen für selbstständiges Lesen und Schreiben (Schriftspracherwerb), [die] Entwicklung des Leseverstehens, [die] Entwicklung der mündlichen Sprachfähigkeit, [die] Entwicklung der schriftlichen Sprachfähigkeit, [die] Entwicklung der Reflexionsfähigkeit über Sprache [sowie der] Erwerb von Lernstrategien und Arbeitstechniken" (ebd.; Einschübe: Verfasser). Abgeleitet von den Kompetenzbereichen und den allgemeinen fachlichen Zielen ist der Lehrplan in den ersten beiden Jahrgangsstufen in sieben und in den weiteren Jahrgangsstufen in der Grundschule durch den Wegfall eines Lernbereichs in jeweils sechs wiederkehrende Lernbereiche unterteilt. Diese Lernbereiche sind ineinander verwebt und bilden somit einen verbundenen und integrativen Unterricht des Faches Deutsch (vgl. ebd.). Im sächsischen Lehrplan werden die Lernbereiche wie folgt benannt:

0. Schriftspracherwerb (nur für die erste und zweite Jahrgangstufe)

1. Sprechen und Zuhören

2. Für sich und andere schreiben

3. Richtig schreiben

4. Lesen/Mit Medien umgehen

5. Sprache untersuchen

6. Mit digitalen Medien umgehen (vgl. ebd., 2 f.)

Lernbereiche des Faches Deutsch

Für die dritte Jahrgangsstufe sieht der Lehrplan im Lernbereich 1 ‚Sprechen und Zuhören' vor, dass die Schülerinnen und Schüler durch das „Kennen von Formen des Miteinandersprechens [...] sachbezogenes Miteinandersprechen [durch] Reflexionsgespräche [und] Sachgespräch [sowie in der] offenen Diskussion" (ebd., S. 19; Auslassung und Einschübe: Verfasser) üben. Der Bau und das Bespielen einer Modelleisenbahn in der Gruppe gibt ständige Impulse für diese Gesprächshandlungen. Dabei spielt auch das aktive Zuhören eine Rolle, indem die Schülerinnen und Schüler „[s]ich positionieren zu Aspekten aktiven Zuhörens[, um] sich über eigene Motive [zu] äußern[, die] Geräuschumgebung wahr[zu]nehmen [sowie] verstehendes Zuhören [zu] signalisieren" (ebd., S. 18; Einschübe: Verfasser). Die Modelleisenbahn kann auch Schreibimpulse für den Lernbereich 2 ‚Für sich und andere Schreiben' geben, um durch das „Anwenden von Sprachwissen auf das Schreiben von Texten [...] freies und gebundenes Schreiben [durch] geeignete Schreibanlässe [und] Schreibanregungen [zu üben sowie] Erdachtes [und] Beobachtetes zusammenhängend auf[zu]schreiben [unter der gezielten Verwendung] sprachliche[r] Mittel" (ebd., 20; Auslassung und Einschübe: Verfasser). Die daraus entstandenen Impulse für Texte lassen sich zudem im Lernbereich 6 ‚Mit digitalen Medien umgehen' einbinden, indem die Schülerinnen und Schüler angehalten werden können, ihre Texte strategisch zu planen und durch den Einblick in die digitale Formatierung zu überarbeiten sowie zu präsentieren (vgl. ebd., S. 24). Da die Modelleisenbahn eine Quelle verschiedener Geräusche sein kann, bietet sich für die

Anknüpfungspunkte mit der Modelleisenbahn im Fach Deutsch

Jahrgangstufe 3 ebenfalls der Wahlbereich 3 ‚Ganz Ohr sein' an. Dabei geht es um das „Kennen der Wirkung akustischer Gestaltungsmittel" (ebd., S. 26), durch welche mithilfe von Geräuschen Stimmung und Atmosphäre erzeugt sowie Schauplätze und Figuren akustisch in Szene gesetzt werden sollen (vgl. ebd.). Auch für die vierte Jahrgangstufe lassen sich ähnliche Anknüp-fungspunkte finden. Des Weiteren bedarf der Bau einer Modelleisenbahn einiger Hintergrundinformationen. Diese können sich die Schülerinnen und Schüler zum einen im Lernbereich 1 ‚Sprechen und Zuhören' durch das „Übertragen des Wissens über Formen des Informierens auf die jeweilige Situation" (ebd., S. 29) und zum anderen im Lernbereich 4 ‚Lesen/Mit Medien umgehen' durch die Wissensanwendung über Sachtexte anwenden (vgl. ebd., S. 30). Die Modelleisenbahn kann ebenso Impulse setzen, um im Lernbereich 2 „einen Text im Hinblick auf Absicht, Adressat und Verwendungszusammenhang [zu] planen, [zu] schreiben und [zu] überarbeiten [sowie] formale Mittel zur Gestaltung schriftlicher Arbeiten zweckentsprechend [zu] verwenden" (ebd., S. 29; Einschübe: Verfasser). Dabei kann ein Szenario im Diorama dazu dienen, einen eigenen Text zu erfinden. Somit sind einige Anknüpfungspunkte im Deutschunterricht für den Bau und das Bespielen einer Modelleisenbahn gegeben.

3.4.2 Mathematik

Bildungsstandards im Fach Mathematik

Ähnlich wie für den Deutschunterricht gibt es für den Mathematikunterricht bundesweite Bildungsstandards. Die Abbildung 10 zeigt die von der KMK festgelegten und zu erwerbenden Kompetenzen im allgemeinen mathematischen und inhaltsbezogenen mathematischen Bereich. Darin sind die Kompetenzen, welche die Schülerinnen und Schüler bis zum Ende der vierten Jahrgangstufe erworben haben sollen, durch die von der KMK formulierten Standards konkretisiert (vgl. Ständige Konferenz der Kultusminister der Länder in der Bundesrepublik Deutschland 2005b, S. 7–11). Die durch eine Auseinandersetzung mit der Modelleisenbahn im weitesten Sinne geförderten Standards sind in den einzelnen Kompetenzbereichen in der Abbildung 10 grau hervorgehoben.

Abbildung 10: Mathematische Kompetenzen in der Primarstufe

Mathematikunterricht in der Grundschule

Allgemeine mathematische Kompetenzen

Problemlösen
- mathematische Kenntnisse, Fertigkeiten und Fähigkeiten bei der Bearbeitung problemhaltiger Aufgaben anwenden
- Lösungsstrategien entwickeln und nutzen (z.B. systematisch probieren)
- Zusammenhänge erkennen, nutzen und auf ähnliche Sachverhalte übertragen

Argumentieren
- mathematische Aussagen hinterfragen und auf Korrektheit prüfen
- mathematische Zusammenhänge erkennen und Vermutungen entwickeln
- Begründungen suchen und nachvollziehen

Kommunizieren
- eigene Vorgehensweisen beschreiben, Lösungswege anderer verstehen und gemeinsam darüber reflektieren
- mathematische Fachbegriffe und Zeichen sachgerecht verwenden
- Aufgaben gemeinsam bearbeiten, dabei Verabredungen treffen und einhalten

Inhaltsbezogene mathematische Kompetenzen

Zahlen und Operationen
- Zahldarstellungen und Zahlbeziehungen verstehen
- Rechenoperationen verstehen und beherrschen
- in Kontexten rechnen

Raum und Formen
- sich im Raum orientieren
- geometrische Figuren erkennen, benennen und darstellen
- einfache geometrische Abbildungen erkennen, benennen und darstellen
- Flächen- und Rauminhalte vergleichen und messen

Muster und Strukturen
- Gesetzmäßigkeiten erkennen, beschreiben und darstellen
- funktionale Beziehungen erkennen, beschreiben und darstellen

Größen und Messen
- Größenvorstellungen besitzen
- mit Größen in Sachsituationen umgehen

Daten, Häufigkeit und Wahrscheinlichkeit
- Daten erfassen und darstellen
- Wahrscheinlichkeiten von Ereignissen in Zufallsexperimenten vergleichen

Darstellen von Mathematik
- für das Bearbeiten mathematischer Probleme geeignete Darstellungen entwickeln, auswählen und nutzen
- eine Darstellung in eine andere übertragen
- Darstellungen miteinander vergleichen und bewerten

Modellieren
- Sachtexten und anderen Darstellungen der Lebenswirklichkeit die relevanten Informationen entnehmen
- Sachprobleme in die Sprache der Mathematik übersetzen, innermathematisch lösen und diese Lösungen auf die Ausgangssituation beziehen

- Darstellungen miteinander vergleichen und bewerten
- zu Termen, Gleichungen und bildlichen Darstellungen Sachaufgaben formulieren

Quelle: In Anlehnung an Ständige Konferenz der Kultusminister der Länder in der Bundesrepublik Deutschland 2005b, S. 7-11

Hinweis: NEUE Bildungsstandards Mathematik

Auch im Fach Mathematik gibt es seit Juni 2022 neue Bildungsstandards. Die Arbeit, auf der sich das vorliegende Buch stützt, verwendete ebenfalls noch die älteren Standards von 2004. Zu den fünf allgemein mathematischen Kompetenzen kam ein sechstes ‚mit mathematischen Objekten und Werkzeugen arbeiten' hinzu. Die inhaltsbezogenen mathematischen Kompetenzen blieben weitestgehend gleich (vgl. Ständige Konferenz der Kultusminister der Länder in der Bundesrepublik Deutschland 2022b, S. 6).

Laut des sächsischen Lehrplans Mathematik für den Primarbereich „eignen sich [die Schülerinnen und Schüler] die Kulturtechnik des Rechnens an [und] erwerben [...] grundlegendes geometrisches und arithmetisches Wissen, das sie befähigt, elementare Aufgaben aus ihrer Umwelt zu lösen"

(Sächsisches Staatsministerium für Kultus 2004/2009/2019c, S. 2; Auslassung und Einschübe: Verfasser). Dabei sind die allgemeinen Ziele des Faches das „Entwickeln der Wahrnehmungs- und Vorstellungsfähigkeit, [das] Operieren mit geometrischen Objekten, Zahlen und Größen, [das] Entwickeln von Fähigkeiten, mathematische Probleme zu lösen [sowie das] Entwickeln der Fähigkeit, sich sach- und fachgerecht zu äußern" (ebd.; Einschübe: Verfasser). Darauf aufbauend gliedert sich der Lehrplan in die drei Lernbereiche *Geometrie*, *Arithmetik* und *Größen* (vgl. ebd.).

Anknüpfungspunkte für Mathematik in der dritten Jahrgangsstufe

Für die dritte Jahrgangsstufe ist keine direkte Auseinandersetzung mit der Modelleisenbahn gegeben. Dennoch gibt es Anknüpfungspunkte im Lernbereich der Geometrie. Die Schülerinnen und Schüler sollen ihr Wissen „über Lagebeziehungen auf Möglichkeiten zur gedanklichen Orientierung im Raum [übertragen]" (ebd., S. 16; Umstellung: Verfasser). Hierbei geht es vor allem um die Fähigkeit des Beschreibens von Wegen und der Richtungsangaben aus verschiedenen Blickwinkeln (vgl. ebd.). Des Weiteren sieht der Lehrplan im Lernbereich Größen für die dritte Jahrgangsstufe das Arbeiten mit Längen in Sachsituationen vor, um die Längenvorstellungen zum Kilometer, das Schätzen, Messen und Vergleichen sowie das Rechnen mit den Einheiten (mm, cm, m) in realistischen Sachverhalten zu schulen (vgl. ebd., S. 21 f.). In der Jahrgangsstufe 3 bietet der Wahlbereich 3 ‚Mathematik in der Kunst ' ebenfalls indirekte Anknüpfungspunkte für die Modelleisenbahn. Hier geht es um das „Kennen von abstrakt-geometrischen und naturalistischen Ornamenten und deren Komposition [bei bspw.] Bauwerke[n]" (ebd., S. 25; Einschübe: Verfasser). So können die Schülerinnen und Schüler dieses Wissen beim Bau von Modellhäusern kennenlernen.

Anknüpfungspunkte für Mathematik in der vierten Jahrgangsstufe

In der Jahrgangsstufe 4 ist ein direkter Bezug zu Modellen bzw. zur Modelleisenbahn im Lernbereich 1 Geometrie gegeben. Die Schülerinnen und Schüler sollen einen „Einblick gewinnen in die Darstellung komplizierterer Körper in der Wirklichkeit und in der Abbildung [durch das] Nutzen von Modellen/Eisenbahnanlagen[13], [um daraus] Grundrisse und Lagepläne [er-

---

[13] Anmerkung: Der Begriff ‚Eisenbahnanlage' bezeichnet eine Modelleisenbahnanlage und meint damit eine Modelleisenbahn im weitesten Sinne.

stellen und lesen zu können]" (ebd. S. 27; Einschübe: Verfasser). Aber auch im Wahlbereich 3 ist eine Verbindung zur Modelleisenbahn möglich durch das „Übertragen des Wissens über Flächengestaltung beim Herstellen von Körpern" (ebd., S. 33), das „Kennen des Zeichnens einfacher perspektivischer Darstellungen" (ebd.) sowie das „Beurteilen bildlicher Darstellungen auf ihren Realitätsbezug" (ebd.). So lassen sich diese Themenbereiche bei der Planung einer Modulgestaltung einbinden. Die im Wahlbereich 3 festgelegten Themen haben einen starken Bezug zum Fach Kunst, daher soll im folgenden Abschnitt das Fach Kunst auf seine Anknüpfungspunkte zur Modelleisenbahn untersucht werden.

3.4.3 Kunst

Anders als in den Fächern Deutsch und Mathematik gibt es für das Fach Kunst keine bundesweiten Bildungsstandards Daher konzentriert sich die Auseinandersetzung mit dem Kunstunterricht vornehmlich mit dem im sächsischen Lehrplan auffindbaren Strukturen. Auf Grundlage der künstlerisch-ästhetischen Bildung und Erziehung trägt das Fach Kunst, laut sächsischem Lernplan Kunst, spezifisch zur Persönlichkeitsentwicklung bei. Dabei sind die künstlerisch-ästhetischen Prozesse von grundlegender Bedeutung für die kindliche Entwicklung in den Bereichen der sinnlichen, emotionalen und kognitive Wahrnehmung (vgl. Sächsisches Staatsministerium für Kultus 2004/2009/2019d, S. 2). Die daraus ableitbaren allgemeinen Ziele des Faches Kunst sind das „Entwickeln künstlerisch-ästhetischer Wahrnehmungs- und Erlebnisfähigkeit, [das] Entwickeln individueller Ausdrucks- und Gestaltungsfähigkeiten, [das] Entwickeln von Ansätzen eines künstlerisch-ästhetischen Urteilsvermögens [und das] Entwickeln von Fähigkeiten zur fachgerechten Kommunikation" (ebd.; Einschübe: Verfasser). Dabei liegen dem sächsischen Lehrplan Kunst für die Primarstufe drei Lernbereiche zugrunde: *flächiges Gestalten*, *körperhaft-räumliches Gestalten* und *aktionsbetontes Gestalten* (vgl. ebd.).

Ziele und Lernbereiche im Fach Kunst gemäß des sächsischen Lehrplans

Anknüpfungs-
punkte für die
Modelleisenbahn
im Fach Kunst in
der dritten Jahr-
gangsstufe

Für eine Auseinandersetzung mit der Modelleisenbahn als Lerngegenstand liegen die dafür notwendigen Anknüpfungspunkte im Lernbereich 2 ‚körperhaft-räumliches Gestalten'. So sieht der sächsische Lehrplan Kunst in der Jahrgangsstufe 3 das „Anwenden von Gestaltungsmöglichkeiten mit verformbaren Materialien" (ebd., S. 13) vor. Die Schwerpunkte liegen hierbei unter anderem bei den erweiterten Erfahrungen und den Modellierungsmöglichkeiten mit Materialien (Gips, Ton und Pappmaché) sowie beim Formen plastischer Objekte als Ausdrucksträger, um Figuren für eine mögliche Einbindung in ein Gesamtobjekt in Einzel- oder Gruppenarbeit zu modellieren. Zudem sollen im Lernbereich 2 mit vorgefundenen Objekten Gestaltungsmöglichkeiten von den Schülerinnen und Schülern angewendet werden, um die Fundstücke durch Verfremdung, Umgestaltung oder Upcycling einer neuen Funktion im Sinne der Bildung für nachhaltige Entwicklung zuzuführen (vgl. ebd.). Darüber hinaus gibt es in den Wahlbereichen weitere mögliche Anknüpfungspunkte. So können die Schülerinnen und Schüler in dem als ‚Geometrie in der Kunst' betitelten Wahlbereich 2 grundlegende Zusammenhänge zwischen Geometrie und Kunst kennenlernen, um geometrische Formen (bspw. in Parks, Gartenanlagen und bei Gebäuden) zu entdecken und zu dokumentieren sowie in eigenen Entwürfen zu erproben (vgl. ebd., S. 15). Und im Wahlbereich 3 können die Schülerinnen und Schüler, ähnlich des Lernbereichs 2, Gebrauchsgegenstände durch künstlerische Mittel umgestalten und verfremden, um bspw. durch Veränderung von Details und der Größe ihre eigentliche Funktionalität aufzuheben und sie einem fremden Zweck zuzuführen (vgl. ebd.).

Anknüpfungs-
punkte im Fach
Kunst in der vier-
ten Jahrgangs-
stufe

Für die Jahrgangsstufe 4 sieht der sächsische Lehrplan im Lernbereich 2 vor, dass die Schülerinnen und Schüler Gestaltungsmöglichkeiten von verformbaren und vorgefundenen Materialien anwenden, um die Fläche als Relief in den Raum zu erweitern und in gegenständlicher, figürlicher und fantasievoller Rahmung auch mit Licht als experimentelle Arbeit und bewegten Objekten gestalten zu können. Zudem soll in diesem Lernbereich durch das Betrachten ausgesuchter Architekturelemente bei Bauwerken (bspw. Kirchen, Brücken und Gewölben) und das Erkunden von Zusammenhängen zwischen

Form und Funktion ein Einblick in die Einheit jener Formen und Funktionen in der gebauten Umgebung gewonnen werden (vgl. ebd., S. 17). Darüber hinaus bietet der Wahlbereich 1 die Möglichkeit, einen oder mehrere Gegenstände fotografisch ‚in Szene' zu setzen, wobei auch Bildfolgen, Szenarien und Stop-Motion[14]-Aufnahmen erstellt werden können (vgl. ebd., S. 19).

3.4.4   Werken

Im Gegensatz zu den anderen bisher untersuchten Fächern ist zwar der sächsische Lehrplan des Faches Werken ebenfalls in Lernbereiche unterteilt, jedoch unterscheiden sich diese thematisch je nach Klassenstufe voneinander. So gibt es keine spiralcurricular wiederkehrenden Themenbereiche. Die allgemeinen Ziele des Faches sind der „Erwerb von Wissen über technische Zusammenhänge und technologische Vorgänge sowie über Werkstoffeigenschaften und Werkzeuge, [die] Entwicklung von Fähigkeiten zum Untersuchen ausgewählter technischer Objekte [sowie die] Entwicklung feinmotorischer und grundlegender manuell-technischer Fähigkeiten und Fertigkeiten" (Sächsisches Staatsministerium für Kultus 2004/2009/2019e, S. 2; Einschübe: Verfasser)

Sächsischer Lehrplan Werken nicht spiralcurricular

Die Modelleisenbahn im erweiterten sowie im weitesten Sinne kann jedoch erst ab der Jahrgangstufe 3 im Fach Werken als Lehr- und Lerngegenstand integriert werden, da der sächsische Lehrplan erst hier vorsieht, dass die Schülerinnen und Schüler das „Wissen über elektronische Sachverhalte [erwerben] und dieses beim Bau einfacher technischer Objekte [anwenden]" (ebd., S. 10; Umstellung: Verfasser). Im Lernbereich 1 ‚Nutzen von elektrischem Strom' sollen die Grundschulkinder das Wissen über einfache Stromkreise für die eigenständige Entwicklung von technischen Objekten durch den Umgang von Bauteilen (Spannungsquelle, Leitungen, Schalter und Motor) und durch das Lesen und Anfertigen von Schaltplänen angewendet

Anknüpfungspunkte der Modelleisenbahn im Fach Werken in der dritten Jahrgangstufe

---

[14] Anmerkung: Stop-Motion (auch Stopp-Trick) bezeichnet ein manuelles oder digitales Animationsverfahren zum Herstellen von (Trick-)Filmen, bei der reale Objekte abfotografiert und bei jeder neuen Aufnahme geringfügig verändert werden. Die so entstandenen Bilder werden mit hoher Geschwindigkeit (24 Bilder pro Sekunde) nacheinander abgespielt, um die Illusion eines sich bewegenden Objekts zu erzeugen (vgl. Bender/Hüningen 2022).

werden (vgl. ebd.). Die Modelleisenbahn im erweiterten Sinne, d.h. im Bezug auf den elektronischen Stromkreislauf zwischen Lokmotoren als Abnehmer, den Schienen als Leitungen und den Transformatoren als Spannungsquellen, kann für den Erwerb elektronischer Sachverhalte dienen. Zudem lässt sich beim Bau einer Modelleisenbahn im weitesten Sinne, d.h. in Bezug auf die Landschaftsgestaltung durch beleuchte Modellgebäude, das Wissen über den einfachen Stromkreis durch die Installierung geeigneter Lichtschaltungen anwenden. Auch der Lernbereich 2 ‚Planen und Herstellen eines Gegenstandes' bietet vielseitige Anknüpfungspunkte für eine Auseinandersetzung mit der Modelleisenbahn. Die Schülerinnen und Schüler sollen nach Maß-gabe des Lehrplans den Rohstoff Holz kennenlernen und ihr Wissen darüber auf die Herstellung eine Gegenstandes übertragen, um durch den Umgang mit materialspezifischen Werkzeugen die Fertigungsverfahren Trennen, Fügen und Beschichten zu üben. Außerdem soll bei der Herstellung eines technischen Objekts das Wissen über den technischen Planungsprozess angewendet werden, um die Arbeitsplanung von der Werkstoffauswahl, dem Lesen und Anfertigen von Skizzen über die Festlegung der Arbeitsschritte und Werkzeuge bis zur Einrichtung des Arbeitsplatzes zu schulen (vgl. ebd., S. 11). Darüber hinaus bietet der Wahlbereich 3 ‚Brücken, Türme und Mauern' eine weitere Möglichkeit zur Gestaltung einer Modelleisenbahn. Hierbei sollen die Schülerinnen und Schüler technische Bauwerke und deren Funktion kennenlernen, um dieses Wissen auf die Herstellung eines technischen Objekts zu übertragen (vgl. ebd., 12).

Anknüpfungs-punkte der Modelleisenbahn im Fach Werken in der vierten Jahrgangsstufe

In der Jahrgangstufe 4 gibt es ebenfalls zahlreiche Anknüpfungspunkte mit der Modelleisenbahn als Lerngegenstand. So behandelt der Lernbereich 1 die Wartung und die Pflege elektronischer Gerät (vgl. ebd., S. 13). Hierbei sollen die Schülerinnen und Schüler einen „Einblick in den Aufbau technischer Objekte [gewinnen]" (ebd.; Umstellung: Verfasser). Als mögliche zu betrachtende Objekte werden auch Spielzeugmodelle genannt (vgl. ebd.), zu denen sowohl die Modelleisenbahn im engsten als auch die Modelleisenbahn im erweiterten Sinne gehören. Im Lernbereich 2 sollen die Schülerinnen und Schüler Werkstoffe vergleichen und ein Produkt herstellen (vgl.

ebd., 14). Hierbei geht es um das Kennen der Eigenschaften der Werkstoffe Holz und Kunststoff, die es vergleichend zu untersuchen gilt, und um die Wissensanwendung dieser Stoffe innerhalb eines Herstellungsprozesses (vgl. ebd.). So bietet sich der Bau einer Modelleisenbahn im erweiterten und weitesten Sinne an, die geforderten Tätigkeiten Schneiden, Sägen, Bohren, Schleifen, Feilen, Biegen, Kleben, Schrauben, Nageln zu üben, den sachgerechten Werkzeug- und Materialumgang sowie den Messzeugen- und Prüfzeugenumgang zu schulen (vgl. ebd.). Des Weiteren kann die Modelleisenbahn in den Wahlbereichen 1 und 2 der Jahrgangsstufe 4 eingebracht werden. Der Wahlbereich 1 sieht das „Übertragen des Wissens über Zweck und Funktionsweise eines technischen Geräts zur Freizeitgestaltung auf die Wartung und Pflege" (ebd., S. 15) vor. Das Einhalten von Schrittfolgen zur Wartung (bspw. der Lok) unter sachgerechter Verwendung von Werkzeugen und Pflegemitteln anzuwenden und das Durchführen der entsprechender Funktionsprüfung (vgl. ebd.) sind auch bei der Modelleisenbahn im weitesten Sinne wichtig. Im Wahlbereich 2 sollen die Schülerinnen und Schüler einen „Einblick gewinnen in Zweck und Funktionsweise von Einrichtungen zur Kraft- und Bewegungsübertragung" (ebd.). Hierbei geht es zum einen um das Bauen eines simplen Modells und zum anderen um die Funktionsprobe (vgl. ebd.). Ein einfaches Modell kann hierbei ein funktionsfähiger Kran sein, der unter der Zuhilfenahme von „Baukästen, Halbzeuge[n] und verschiedene[n] Werkstoffe[n]" hergestellt und auf der Anlage installiert wird. Gleichzeitig können Modellloks bzgl. der Funktionsprobe durch das „Experimentieren mit Drehzahl, Drehrichtung, Bewegungsform" (ebd.) etc. genutzt werden.

3.4.5 Fachübergreifender vs. fächerverbindender Unterricht

Potenzial zum fachübergreifenden oder fächerverbindenden Unterricht?

Die Betrachtung lag bisher auf den Fachlehrplanteilen der sächsischen Lehrpläne für die Fächer Sachunterricht, Deutsch, Mathematik, Werken und Kunst. Dabei stellt sich heraus, dass die Modelleisenbahn im weitesten Sinne – und in den Fächern Sachunterricht und Werken auch im engeren und erweiterten Sinne – Anknüpfungspunkte für eine jeweilige fachinterne Auseinandersetzung bzw. Unterrichtseinbindung bietet. So besitzt die Modelleisenbahn im weitesten Sinne zunächst die Möglichkeit und das Potenzial, dass sich die Schülerinnen und Schüler in den jeweils dargestellten Fächern mit ihr als Lerngegenstand beschäftigen können. Dies führt zu der Überlegung, ob die Modelleisenbahn nicht auch als fachübergreifendes bzw. fächerverbindendes Moment fungieren kann.

fachübergreifender und fächerverbindender Unterricht: in allen Fächern durchgängige Prinzipien

Alle bisher benannten sächsischen Lehrpläne (und darüber hinaus)[15] besitzen neben dem jeweiligen Fachlehrplan auch einen über alle Fächer hinweg gleichbleibenden Grundlagenteil, welcher für alle Fächer umzusetzen ist. Eines der ganzheitlichen Ziele der Grundschule und dessen Unterricht ist die ‚Mehrperspektivität', durch welche die Schülerinnen und Schüler mittels „fachübergreifende[m] und fächerverbindende[m] Arbeiten […] eine enge Verbindung zu ihrer Erfahrungswelt [erleben] und lernen, Themen und Probleme mehrperspektivisch zu erfassen" (Sächsisches Staatsministerium für Kultus 2004/2009/2019a, b, c, d, e, S. VIII; Anpassung, Auslassung und Umstellung: Verfasser). Es wird demnach gefordert, dass sowohl das fachübergreifende als auch das fächerverbindende Arbeiten als ein zentrales Ziel in der Grundschule ganzheitlich umzusetzen ist. Aber wie sind diese beiden Arbeitsformen zu verstehen bzw. umzusetzen? Im Grundlagenteil der Lehrpläne wird erwähnt, dass „fachübergreifendes Arbeiten durchgängiges Unterrichtsprinzip ist" (ebd., S. X). So lässt sich im Teil der Fachlehrpläne aller Fächer immer wieder der Verweis zu anderen Fächern finden. Diese Verweise tauchen je nach thematischen Zusammenhängen in der rechten Spalte

---

[15] Anmerkung: Alle sächsischen Lehrpläne für die Primarstufe besitzen neben dem Teil des Fachlehrplans für das jeweilige Fach auch einen Grundlagenteil, der für alle Fächer gleichermaßen gilt.

des Fachlehrplans unter Nennung des Themenbereiches im anderen Fach oder in den anderen Fächern auf (vgl. ebd., S. IV).

Die Abbildung 11 zeigt die schematische Darstellung des fachübergreifenden Arbeitens, in dessen Mittelpunkt ein Unterrichtsfach steht. Und innerhalb dieses Unterrichtsfaches ergeben sich während des Unterrichtsverlaufs thematische Anknüpfungspunkte zu anderen Fächern, ohne den Ablauf des Kernunterrichtsfaches zu stören, sondern diesen zu bereichern.

fachübergreifender Unterricht

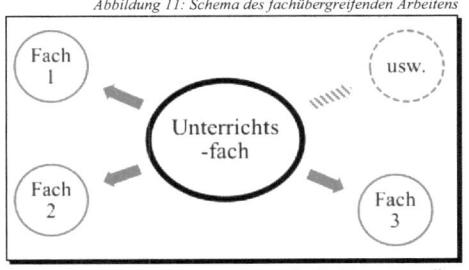

Abbildung 11: Schema des fachübergreifenden Arbeitens

Quelle: Eigene Darstellung

Dem gegenüber stellt sich das fächerverbindende Arbeiten in der Form dar, dass es kein Kernunterrichtsfach gibt. Laut der Lehrpläne „setzt fächerverbindender Unterricht ein Thema voraus, das von einzelnen Fächern nicht oder nur teilweise erfasst werden kann" (ebd. S. X). Dabei soll dieses „Thema unter Anwendung von Fragestellungen und Verfahrensweisen verschiedener Fächer bearbeitet [werden]" (ebd.; Umstellung: Verfasser). Die Abbildung 12 zeigt eine schematische Darstellung des fächerverbindenden Arbeitens.

fächerverbindender Unterricht

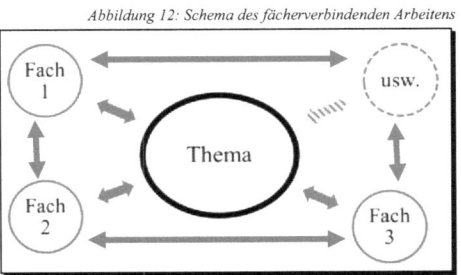

Abbildung 12: Schema des fächerverbindenden Arbeitens

Quelle: Eigene Darstellung

Auffinden geeig-
neter Themen

Abbildung 13: Perspektiven und thematische Bereiche

Perspektiven	thematische Bereiche	
	Verkehr	Arbeit
Raum und Zeit	Medien	Beruf
Sprache und Denken	Kommunikation	Gesundheit
Individualität und Sozialität	Kunst	Umwelt
	Verhältnis der Generationen	Wirtschaft
Natur und Kultur		Gerechtigkeit
	Technik	
		Eine Welt

Quelle: In Anlehnung an Sächsisches Staatsministerium für
Kultus 2004/2009/2019a, b, c, d, e, S. X

Zum Auffinden von Themen werden in den Lehrplänen Bezugspunkte genannt, die sich aus vorgegebenen Perspektiven und thematischen Bereichen ergeben. Die Perspektiven umfassen dabei sowohl die Kernfragen menschlichen Lebens als auch dessen Grundkonstanten (vgl. ebd.). Die Abbildung 13 zeigt die von allen sächsischen Grundschullehrplänen benannten Perspektiven und thematischen Bereiche.

Konzept zur
Durchführung im
Ermessen der je-
weiligen Schule

Gleichsam weisen die Lehrpläne darauf hin, dass „Politische Bildung, Medienbildung und Digitalisierung sowie Bildung für nachhaltige Entwicklung besonders geeignet [sind] für den fächerverbindenden Unterricht" (ebd.; Umstellung: Verfasser). Die Entwicklung einer für den fächerverbindenden Unterricht geeigneten Konzeption obliegt der jeweiligen Schule, wobei folgende Überlegungen ein Thema begünstigen können. Erstens können Vorstellungen zu einem Thema hinführen, welches unter der Betrachtung eines thematischen Bereichs sowie einer Perspektive konkretisiert wird. Zweitens kann ein Thema auf einem thematischen Bereich beruhen, welcher einer Perspektive zugewiesen wird. Drittens kann die Entscheidung einer Perspektive und der sich anschließenden Wahl eines thematischen Bereiches zu einem Thema führen (vgl. ebd.).

Die Modelleisen-
bahn: fachüber-
greifend oder fä-
cherverbindend?

Für die Modelleisenbahn im weitesten Sinne bedeutet dies, dass sie nicht nur perspektivenübergreifend für den Sachunterricht nutzbar ist, sondern vielseitige Anknüpfungspunkte zu anderen Fächern bietet. Doch soll die Auseinandersetzung mit dem Gegenstand von einem Fach (fachübergreifend) oder von einem Thema (fächerverbindend) ausgehen? Die Modelleisenbahn im weitesten Sinne bietet theoretisch die potenzielle Möglichkeit, sowohl für das fachübergreifende als auch für das fächerverbindende Arbeiten einsetzbar zu sein.

Hinweis

Die Prinzipien von fachübergreifenden und fächerverbindenden Unterricht gelten weitestgehend in allen Bundesländern. Abweichungen können sich jedoch durch unterschiedliche thematische Schwerpunkte in den einzelnen Lehrplänen der Länder ergeben. Es gelten die Vorgaben der Lehrpläne in den einzelnen Bundesländern. Siehe hierzu die Lehrplanübersicht im Abschnitt der Lehrplanexkursion auf den Seiten 63 und 64.

3.5 Das inklusionsdidaktische Netz

3.5.1 Didaktischer Hintergrund

Der Sachunterricht versucht das gesamte Spektrum der Natur- und Gesellschaftswissenschaften im und für den Primarbereich und für das jeweilige Alter der Schülerinnen und Schüler abzubilden (siehe Abschnitt 3.3). Dennoch soll der Sachunterricht, laut Kahlert, die Lernanlässe nicht nur aus den spezialisierten Wissensgebieten der weiterführenden Schulen beziehen, sondern vielmehr auch aus den bildungswirksamen Erfahrungen der Grundschulkinder schöpfen (vgl. Kahlert 2016, S. 214). So müssen die Lernanlässe in der Form arrangiert sein, dass sie einen Balanceakt zwischen den natur- und sozialwissenschaftlichen Fachdisziplinen und der Lebenswelt der Kinder vollziehen. Auf der einen Seite kann „[d]er fachliche Blickwinkel [einengen], oft noch ehe die Kinder ihre mitunter diffusen und vielfältigen Erfahrungen zum Thema aktiviert und vorgebracht haben" (ebd., S. 215; Abänderung und Angleichung: Verfasser), und auf der anderen Seite „kann man auf fachlich gesicherte Grundlagen bei der Deutung von Umweltereignissen, Gegebenheiten und Beziehungen nicht verzichten, wenn langfristig stabiles und für weiteres Lernen anschlussfähiges Wissen aufgebaut werden soll" (ebd., S. 216). Um diesen pädagogisch-didaktischen Spagat angemessen meistern zu können, empfiehlt Kahlert den Lehrkräften bei der Planung

Sachunterricht im Spagat zwischen Fachdisziplinen und Lebenswelt der Kinder

von Unterricht, ihre Überlegungen anhand eines inklusionsdidaktischen Netzes zu skizzieren. „Mit dem Planungsmodell der ‚inklusionsdidaktischen Netze' sollen Lehrkräfte dabei unterstützt werde, das didaktische Potenzial von Unterrichtsinhalten im Hinblick sowohl auf fachliche Lernmöglichkeiten als auch auf kognitive, kommunikative, soziale, emotionale und sensomotorische Fördermöglichkeiten gezielt zu erschließen" (ebd., S. 234; Hervorhebung i. O.).

Das inklusionsdidaktisches Netz mit drei Reflexionsebenen

Dabei gilt es für die Lehrkräfte zunächst drei Reflexionsebenen zu berücksichtigen und zu durchdenken. Die Abbildung 14 zeigt die drei Ebenen in Bezug auf die jeweilig durchzuführende Handlung als auch die jeweilig didaktische Leitfrage, welche in der Ebene zu berücksichtigen und zu beantworten ist. Die einzelnen Ebenen sowie die jeweils dahinterliegenden Leitfragen sind dabei nicht hierarchisch zu betrachten oder linear nacheinander durchzuarbeiten, sondern

Abbildung 14: Reflexionsebenen des inklusionsdidaktischen Netzes

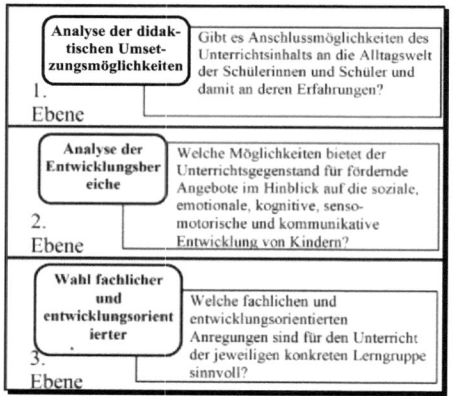

Quelle: In Anlehnung an Kahlert 2016, S. 235

begünstigen gerade wechselseitige Denkanstöße während der Planung (vgl. ebd., S. 235).

Ein kritischer Blick auf das inklusionsdidaktische Netz

Kahlert geht auch auf jene Kritikpunkte bzw. Einwände ein, welche „das Modell grundsätzlich in Frage stellen" (Kahlert 2016, S. 238). Der erste hervorgebrachte Kritikpunkt ist die mit dem inklusionsdidaktischen Netz gesehene Überfrachtung, welche es verhindert, dass nicht alle Aspekte des Netzes im Unterricht behandelt werden können. Für Kahlert ist das inklusionsdidaktische Netz ein Instrument, das es ermöglicht, Ideen zu generieren und aus diesen zu wählen (vgl. ebd., S. 238 f.). Der zweite Kritikpunkt speist sich aus der Angst vor der Klebekonzentration[16], welche einem sachlich fundierten und fächerübergreifenden Unterricht aufgrund der Unbeherrschbarkeit der vielen didaktischen Ideen entgegenwirkt. Dieser Kritikpunkt ist für Kahlert durchaus bedeutsam, da es die Ambivalenz als Instrument widerspiegelt. Das inklusionsdidaktische Netz ist ein Instrument, mit dessen Hilfe Lehrkräfte didaktische Entscheidungen innerhalb eines inhaltlichen Feldes begründen können (vgl. ebd.). Mit dem dritte Kritikpunkt wird dem inklusionsdidaktischen Netz unterstellt, dass es ein reines Brainstorming sei. Für Kahlert ähnelt das inklusionsdidaktische Netz dieser Form, durch die Ideen generiert werden, aber deren Suchraster nicht der Willkürlichkeit des Brainstormings entspricht (vgl. ebd., S 239 f.). Der vierte Kritikpunkt ist die Kategorisierung der Schülerinnen und Schüler, welche die gleich für alle Kinder konzipierten Lernangebote unterminimiert oder obsolet macht und vor dem Hintergrund besonderer Förderbedarfe zu einer breitgefächerten Aufgliederung der Lernenden führt. Eine Kategorisierung oder gar Etikettierung sieht Kahlert nicht, da das inklusionsdidaktische Netz eine besondere Wirkungsmacht besitzt, um die jeweilige Fachperspektive mit der gegenüberstehenden kindlichen Lebenswelt und den individuellen Entwicklungs- und Fördermöglichkeiten unter Berücksichtigung der drei Reflexionsebenen bestmöglich zu verbinden (vgl. ebd.). Wie sieht ein inklusionsdidaktisches Netz vor dem Hintergrund einer Auseinandersetzung oder Einbindung der Modelleisenbahn in den Regelunterricht an Grundschulen aus?

---

[16] Anmerkung: Klebekonzentration ist ein polemischer Begriff, der das heimatkundliche Modell des Gesamtunterrichts kritisiert. Giest erklärt diesen Begriff, wie folgt: „Um einen Sachverhalt ‚ganzheitlich‘, d.h. vielperspektivisch zu behandeln, wurden möglichst viele Inhalte an ein Thema ‚angeklebt‘ – d.h. sie waren nicht unbedingt notwendig, um das Thema bearbeiten zu können, aber sie ‚passten‘ thematisch" (Giest 2015, S. 4; Hervorhebungen: i. O.). Gleichzeitig macht Giest darauf aufmerksam, dass ein vielperspektivischer Sachunterricht das Charakteristikum des Projektunterrichts tragen sollte, um dem Risiko der Klebekonzentration zu entgehen (vgl. ebd., S. 7).

3.5.2 Einbindung der Modelleisenbahn

*Einbindungs-
möglichkeit der
Modelleisenbahn
auf zweierlei Ar-
ten*

Die Überführung der Modelleisenbahn in das inklusionsdidaktische Netz kann theoretisch auf zweierlei Arten erfolgen:

1. von der Modelleisenbahn als Spiel- und Lerngegenstand in das inklusionsdidaktische Netz hinein oder

2. von einem thematischen Bereich als Lerngegenstand zur Modelleisenbahn aus dem didaktischen Netz heraus.

*Modelleisenbahn
im Zentrum: Ler-
nen über Modelle*

Die Abbildung 15 zeigt ein mögliches inklusionsdidaktisches Netz, bei der die Modelleisenbahn als Lerngegenstand im Zentrum steht.

Abbildung 15: Modelleisenbahn als Spiel- und Lerngegenstand

Entwicklungsbereiche	Lebensweltliche und fachbezogene Potenziale		Entwicklungsbereiche
Sensomotorische Aspekte • Bahngeräusche im Modell wahrnehmen • Haptik der Spielgegenstände/Modelle spüren und mit ihnen hantieren	**Technische Perspektive** • Technisches Spielzeug • Elektrischer Stromkreis/Schaltungen • Technische Bauteile/Funktionen	**Politische Perspektive** • Politisch korrektes vs. Unkorrektes Spielzeug	**Emotionale Aspekte** • Freude am Gestalten und Spielen • Verarbeitung von Erfolg und Misserfolg mit Spielzeug
Kognitive Aspekte • Entwicklung der Vorstellungskraft (Imaginieren)	**Wirtschaftliche Perspektive** • Kosten für Spielzeug • Verarbeitete Materialien • Spielzeugwerbung	**Soziologische Perspektive** • (gemeinsame) Freizeitgestaltung **Geographische Perspektive** • Schienennetz/Verkehrswege	**Soziale Aspekte** • Gemeinsames Bauen/Gestalten und Spielen • Spielregeln einhalten • Freude teilen
Kommunikative Aspekte • Spielregeln aufstellen/einhalten • Erfahrungen austauschen über eigene und fremde Spielsachen (auch mit der Modelleisenbahn)	**Geschichtliche Perspektive** • Verkehrsmittel/Spielzeuge früher und heute • Modelleisenbahn früher und heute • (modellhafter) Nachbau historischer Stätten/Gebäude	**Ethische Perspektive** • Spielzeug/Spielsachen armer Kinder (in Deutschland und anderen Ländern) **Naturwissenschaftliche Perspektive** • Elektrizität • Modellhafte Darstellung von Naturphänomenen	
	Ästhetische Perspektive • Modell(spielzeug) und Wirklichkeit im Vergleich		

Quelle: Eigene Darstellung

Demgegenüber zeigt die Abbildung 16 ein inklusionsdidaktisches Netz, bei dem die Modelleisenbahn zwar ebenfalls im Zentrum steht, jedoch erfolgt die Einbindung aus perspektivischen Gründen heraus.

über Themen zur Modelleisenbahn: Lernen vom Modell

Abbildung 16: Von perspektivischen Themenbereichen zur Modelleisenbahn

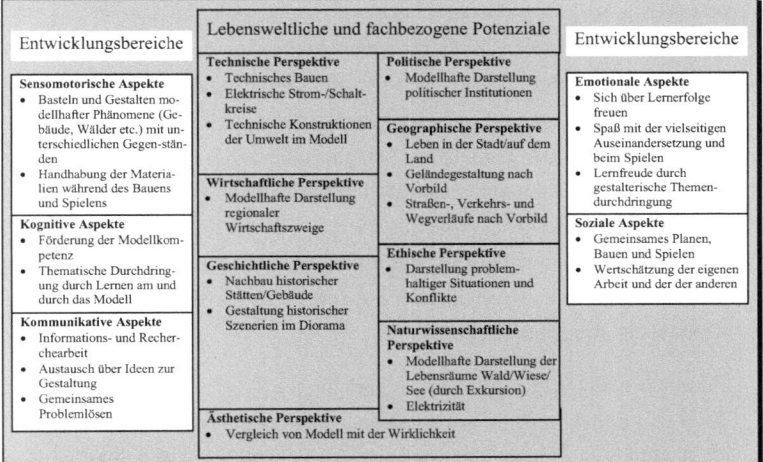

Quelle: Eigene Darstellung

Die beiden inklusionsdidaktischen Netze sind weder als vollständig noch als trennscharf zueinander zu betrachten. Doch das zweite Netz besitzt die vorteilhafte Eigenschaft, von perspektivischen Themen des Sachunterrichts auszugehen und diese durch die Einbindung der Modelleisenbahn im weitesten Sinne je nach thematischem Schwerpunkt zu durchdringen. So ist es möglich, dass die Einbindung der Modelleisenbahn innerhalb des Sachunterrichts als fächerübergreifender oder in gleichwertiger Verbindung zu anderen Fächern als fächerverbindender Unterricht stattfinden kann (vergleiche hierzu Abschnitt 3.4.5). In beiden Unterrichtsvarianten wäre die Umsetzung in Form eines Projektes notwendig. Daher sollen im folgenden Abschnitt jene Aspekte von Projekten im Unterricht betrachtet werden, die für eine Einbindung der Modelleisenbahn im weitesten Sinne in Frage kommen.

Modelleisenbahn sowohl im fachübergreifenden als auch im fächerverbindenden Unterricht

3.6 Die Modelleisenbahn als Projekt

Modelleisenbahn als Projekt im Regelunterricht

Die Modelleisenbahn im weitesten Sinne hat wie bereits beschrieben einen Eingang in viele Grundschulen als AG gefunden. Diese AGs sind projektorientiert, d.h. dass die Schülerinnen und Schüler sich mit dem Gegenstand der Modelleisenbahn in all ihren Facetten beschäftigen, um sie im weitesten Sinne in Form einer Anlage zu bauen. Für eine Einbindung der Modelleisenbahn in den Regelunterricht der Grundschule empfiehlt es sich, den Projektcharakter bei der Umsetzung beizubehalten. Die Ausprägung und der Einsatz von Projekten in der Grundschule ist recht unterschiedlich. Projektarbeit, Projektunterricht, projektorientierter Unterricht, Projektlernen und Projektmethode sind Begriffe, die im Bereich des Unterrichts auftauchen und häufig nicht klar voneinander zu trennen sind. Was sind Projekte im Kontext des Regelunterrichts?

Projektdefinition und -merkmale

Hermann definiert das ‚Projekt‘ innerhalb des Regelunterrichts als „ein in der Regel umfangreiches Vorhaben, das unter einem besonders hohen Maß an Beteiligung, Selbstverantwortung und Selbsttätigkeit der Schülerinnen und Schüler geplant, durchgeführt, präsentiert und ausgewertet wird" (Hermann 2017, S. 225). Für Marquardt-Mau ist ein ‚Projekt‘ im Schulkontext zunächst ein „pädagogischer Ansatz oder [...] eine Unterrichtsmethode, die sowohl bei der Auswahl und Gestaltung der Lerninhalte als auch der Lernwege den Interessen und Vorstellungen der Lernenden einen hohen Stellenwert einräumt" (Marquardt-Mau 2015, S. 419; Auslassung: Verfasser). Doch bereits in den 1980ern kritisiert Gudjons die Projekte innerhalb des Unterrichts. „Kaum einer stellt z. B. kritisch die Frage, ob alles, was in einer Projektwoche an ‚Projekten‘ läuft, auch tatsächlich diesen Namen verdient" (Gudjons 1984, S. 260; Hervorhebung: i. O.). Mit dieser Kritik ist der Vorwurf behaftet, dass innerhalb einer Projektwoche stattfindende Projekte oft kaum als diese bezeichnet werden können. Gudjons zählt zehn Merkmale für den Projektunterricht auf und verweist darauf, dass der „Projektunterricht nicht an die exakte Einhaltung [dieser] gebunden [ist]" (ebd., S. 262: Einschub und Umstellung: Verfasser). Diese Merkmale sind nach Gudjons:

1. Situationsbezug: „Gegenstand der Projektarbeit sind Aufgaben oder Probleme, die sich aus dem ‚Leben' ergeben" (ebd.; Hervorhebung: i. O.).

2. Orientierung an den Interessen: „Schüler haben viele (Vor-)Erfahrungen in ihrer Alltags- und Lebenswelt" (ebd.; Hervorhebung: i. O.).

3. Selbstorganisation und Selbstverantwortung: „Der Projektunterricht bricht mit der – anscheinend zur schulpädagogischen Tradition gehörenden – Geringschätzung der Kompetenz des Schülers, auf der Ebene der Projektplanung selbstverantwortlich zu agieren" (ebd., S. 263).

4. Gesellschaftliche Praxisrelevanz: In diesem Merkmal „liegt die Chance, den gesellschaftlichen Bezug schulischen Lernens zu stärken. Im Idealfall greifen die Projektbeteiligten in lokale oder regionale Entwicklungen ein" (ebd.).

5. Zielgerichtete Projektplanung: „Projektunterricht ist [...] immer zielgerichtetes Tun. [...] Die zur Erreichung des Handlungszieles nötigen Qualifikationen – traditionell in Lehrzielen beschrieben – gewinnen im Projektunterricht die Qualität von Lernzielen" (ebd. S. 264; Auslassungen: Verfasser).

6. Projektorientierung: „Mit einem Produkt im Projektunterricht ist [...] nicht das gemeint, was man als 'Lernerfolg' womöglich in einer Klassenarbeit feststellen kann, sondern der Gebrauchswert eines als sinnvoll, wichtig und nützlich erachteten Arbeitsergebnisses" (ebd.; Hervorhebung: i.O.).

7. Einbeziehen vieler Sinne: „Im Projektunterricht versuchen Schüler und Lehrer gemeinsam, etwas zu tun, zu praktizieren, zu arbeiten unter Einbeziehung [...] möglichst vieler Sinne" (ebd., S. 265; Auslassung: Verfasser).

8. Soziales Lernen: „Gerade die Verunsicherung durch einen selbst zu entwickelnden organisatorischen Rahmen für unterschiedliche Tätigkeiten der Projektteilnehmer weist auf die Notwendigkeit gegenseitiger Rücksichtnahme, aber auch auf die generelle Unverzichtbarkeit von Kooperation beim gemeinsamen Handeln hin" (ebd.).

9. Interdisziplinarität: „Es geht beim interdisziplinären Arbeiten [...] darum, ein Problem, eine Aufgabe in ihrem komplexen Lebenszusammenhang zu begreifen und sie sich im Schnittpunkt verschiedener Fachdisziplinen vorzustellen" (ebd.; Auslassung: Verfasser).

10. Bezug zum Lehrgang[17]: Für den „Projektunterricht ist grundsätzlich die Ergänzung durch Elemente des Lehrgangs nötig, um eigene Erfahrungen in systematische Zusammenhänge einzuordnen, vorliegende fremde Forschungsergebnisse mit eigenen Erfahrungen und Erkenntnissen zu vergleichen [und] um den Anschluss an den vom Lehrplan vorgesehenen [...] Fachinhalten zu halten" (ebd., S. 266; Einschub und Auslassungen: Verfasser).

Projektformen

Dem gegenüber unterscheidet Bönsch zwei Formen von Projekten innerhalb des Unterrichts. Zum einen nennt er die ‚Projektarbeit' und beschreibt sie „im Unterschied zum lehrgangs-/lehrpersonorientierten Unterricht [als] die Idealform handlungsorientierten Unterrichts. Sie ist dadurch gekennzeichnet, dass eine problemhaltige Sachlage die Beteiligten [...] dazu führt, die Bearbeitung einer Thematik als wichtig anzusehen" (Bönsch 2021, S. 202; Auslassung und Einschübe: Verfasser). Zum anderen nennt Bönsch den ‚projektorientierten Unterricht', der für ihn durch „methodische Grundformen gekennzeichnet [ist], die Elemente der Projektarbeit beinhalten, aber eben nicht alle und häufig in fächerübergreifendem Unterricht realisiert werden" (ebd.; Einschub: Verfasser). Sowohl Marquardt-Mau als auch Bönsch

---

[17] Anmerkung: Gudjons versteht den Lehrgang bzw. die Lehrgänge „als das Gegenstück zum Projekteinsatz" (Gudjons 1984, S. 266). Dabei teilt der Lehrgang „die Welt auf in ein System, das sich an der Systematik der Wissenschaften orientiert" (ebd.).

stützen ihre Überlegungen auf die von Frey konzipierte ‚Projektmethode'[18] (vgl. Marquardt-Mau 2015, S. 421; Bönsch 2020, S. 204).

> Das Entscheidende an der Projektmethode ist nämlich nicht, dass am Schluss ein hergestelltes Produkt [...] vorliegt, sondern dass diese Herstellung in einer bildenden Weise geschieht. Die Projektmethode erschöpft sich auch nicht nur in der Tatsache, dass jemand einen Plan fasst und diesen dann ausführt oder ein Alltagsproblem aufgreift und es dann löst. (Frey 2010, S. 62; Auslassung: Verfasser)

Nach Frey gliedert sich die Projektmethode in fünf Verlaufsphasen und zwei weitere Handlungsdimensionen, welche sich durch die gesamte Projektlaufzeit hindurchziehen und in Interaktion mit den Verlaufsphasen stehen. Die Tabelle 5 zeigt das Grundmuster der Projektmethode nach Frey.

Verlaufsphasen und Dimensionen nach Frey

Tabelle 5: Grundmuster der Projektmethode nach Frey

Phase	Inhalt	Im Verlauf eingeschoben	
1	Projektinitiative		
2	Auseinandersetzung mit der Projektinitiative in einem vorher vereinbarten Rahmen	Fixpunkte	Metainteraktionen/ Zwischengespräche
3	Gemeinsame Entwicklung des Betätigungsgebietes (Ergebnis = Projekt)		
4	(Verstärkte) Aktivitäten im Betätigungsgebiet/Projektdurchführung		
5	Abschluss des Projekts		

Quelle: In Anlehnung an Frey 2010, S. 55

Bei der Projektinitiative, so Frey, „kann jeder Ausgangspunkt zu einem Projekt werden" (Frey 2010, S. 64). Diese erste Phase ist durch die Merkmale der offenen Ausgangssituation und des *nicht vorhandenen Bildungswerts*[19] geprägt (vgl. ebd., S. 56). Mit der zweiten Projektphase erfolgt eine vertiefende Beschäftigung mit der Projektinitiative. Das Ziel dieser Phase ist es, dass unter Einhaltung sozialer Regeln und unter Bezugnahme möglichst aller Ideen und Wünschen der Gruppe eine Projektskizze entsteht. Bereits zu diesem Zeitpunkt kann es bei zu starken Interessenskonflikten zu Verwerfungen kommen, die schließlich zu einem vorzeitigen Abbruch des Projekts

Verlaufsphasen und Dimensionen im Detail

---

[18] Anmerkung: Bönsch spricht von der ‚Projektidee'. Die Idealform dieser Projektidee beschreibt er in einer ähnlichen Weise, wie sie von Frey beschrieben wird, ohne Frey zu zitieren, obwohl Freys Projektmethode in den Referenzen von Bönsch Erwähnung findet (vgl. Bönsch 2021, S. 204 & 210).
[19] Anmerkung: Den nicht vorhandenen Bildungswert der Projektinitiative erklärt Frey dadurch, dass zum einen keine Pflicht bestehe, von vornherein eine pädagogisch gehaltvolle Frage aufzuwerfen, und zum anderen entwickelt sich der Bildungsgehalt des Projekts erst im Laufe der weiteren Phasen (vgl. Frey 2010, S. 56).

führen können (vgl. ebd., 56 f.). Können jedoch die möglichen Verwerfungen durch eine stabile und ausbalancierte Projektskizze überwunden werden, treten die Projektteilnehmerinnen und -teilnehmer in die dritte Phase. In dieser Phase planen die Projektteilnehmerinnen und -teilnehmer, „was sie im Einzelnen tun möchten [und] arbeiten die bildungsbedeutsamen Punkte heraus" (ebd., S. 57; Auslassung: Verfasser). Frey weist darauf hin, dass diese Phase eine jüngere Projektgruppe oft überanstrengen und zu einem Projektabbruch führen kann. Um dem entgegenzuwirken, ist es hilfreich, die erstellte Projektskizze für das Entwerfen eines Zeitplans zu nutzen, an dem Fixpunkte gesetzt und detailliert aufgeschlüsselt werden (vgl. ebd., S. 58).

Die vierte Phase, so Frey, obliegt der Durchführung des Projekt, in dem sich die Projektgruppe tiefer mit den jeweiligen Themen- und Teilbereichen durch das Zusammentragen recherchierten Materials auseinandersetzt. Dabei können Aktivitäten in vielfältigster Form vorkommen und zugelassen werden – sei es in Einzel-, Partner- oder Gruppenarbeit, durch temporäre körperlicher oder geistiger Betätigung. Es ist wichtig, dass dabei alle Projektmitglieder diese Tätigkeit(en) als sinnvoll betrachten müssen, damit sich das Bildungspotenzial des Projekts durch die Betätigungen entfalten kann (vgl. ebd., S. 58 f.). Der Abschluss eines Projekts kann laut Frey in drei Formen erfolgen – durch einen bewussten Abschluss, durch eine Rückkopplung zur Projektinitiative oder durch ein Auslaufen des Projekts (vgl. ebd., S. 60). Die Fixpunkte als phasenübergreifende Komponente sind laut Frey hilfreich für längere Projekte bzw. Großprojekte. Die Überlegung und Einbindung solcher Punkte als Stabilisierungshilfe dienen dazu, dass das Projekt durch einen unüberlegten Aktivismus, eine Orientierungslosigkeit oder eine mangelnde Abstimmung seiner Teilnehmerinnen und Teilnehmer nicht gefährdet wird (vgl. ebd.).

Modelleisenbahn als projektartige Arbeit im Sachunterricht

Unter den sinnvollen Formen bzgl. der Überprüfung des Lehr- und Lernerfolgs im Unterricht nennt die GDSU im Perspektivrahmen Sachunterricht auch die „Ergebnisse projektartiger Arbeit, in denen die angeeigneten Kompetenzen ihren konkreten Niederschlag finden" (GDSU 2013, S. 153). Unter solchen Arbeiten fallen auch „Dokumentationen, [...] Konstruktionen, Darstellungen [und] Modelle" (ebd.; Auslassung und Einschub: Verfasser). Die Modelleisenbahn im weitesten Sinne ist zunächst einmal ein aus vielen einzelnen Modellen bestehendes Modell. Zudem erfordert der Bau einer Anlage Konstruktionen, die eine Art der Wirklichkeitsdarstellung sind und aufgrund der Auseinandersetzung einen Lernzuwachs der Schülerinnen und Schüler durch die modellhafte Darstellung eines oder mehrerer Themenbereiche als Dokumentationsart hervorbringen. Der Bau einer Modelleisenbahn im weitesten Sinne ist grundsätzlich projektartig, da bei einer erfolgreichen Durchführung ein Produkt hergestellt wird. Darüber hinaus können durch das erstellte Produkt Rückschlüsse auf den Wissens- und Kompetenzzuwachs der Schülerinnen und Schüler gezogen werden.

Literaturempfehlungen

Bücher

Altmannsberger, Matthias (2015): Projektunterricht: Grundlagen, Notwendigkeit und Formen. Hamburg: BACHELOR + MASTER PUBLISHING.

Bastian, Johannes (Hrsg.) (1999): Theorie des Projektunterrichts. Hamburg: Bergmann und Helbig.

Frey, Karl/Schäfer, Ulrich (2012): Die Projektmethode: »der Weg zum bildenden Tun«. 12., neu ausgestattete Auflage. Weinheim/Basel: Beltz.

Gudjons, Herbert (2014): Handlungsorientiert lehren und lernen : Schüleraktivierung - Selbsttätigkeit - Projektarbeit. 8., aktual. Auflage. Bad Heilbrunn: Klinkhardt.

Hänsel, Dagmar (Hrsg.) (1999): Projektunterricht: ein praxisorientiertes Handbuch. Weinheim/Basel : Beltz.

Schumacher, Christine/Rengstorf, Felix/Thomas, Christina (Hrsg.) (2013): Projekt: Unterricht. Projektunterricht und Professionalisierung in Lehrerbildung und Schulpraxis. Göttingen: Vandenboeck & Ruprecht.

Internet

deutsche kinder- und jugendstiftung (o.J): Projektunterricht entfaltet selbständiges Lernen. URL: https://www.ganztaegig-lernen.de/projektunterricht-entfaltet-selbstaendiges-lernen (Abgerufen: 30.01.2023).

Haus der kleinen Forscher (o.J.): Praxisbeispiele aus den Einrichtungen. URL: https://www.haus-der-kleinen-forscher.de/de/praxisanregungen/praxisbeispiele (Abgerufen: 03.02.2023).

meinUnterricht Redaktion (2022): Projektunterricht: Tipps und Ideen für Projektarbeit in der Schule. URL: https://www.meinunterricht.de/blog/projektunterricht-projektarbeit-schule-themen-ideen-beispiele/ (Abgerufen: 02.02.2023).

4 DIDAKTISCHE HANDLUNGS-EMPFEHLUNGEN

Um das Vorhaben des Modelleisenbahnbaus in den Regelunterricht der Grundschule zu integrieren, ist eine Betrachtung von Erfahrungen und Erkenntnissen aus der bisherigen Praxis unerlässlich. Diese Expertenerfahrungen von Lehrkräften und zumeist ehrenamtlichen Betreuern in den jeweiligen Modelleisenbahn-AGs können dafür genutzt werden entsprechende Handlungsempfehlungen für Durchführung des Modelleisenbahnbaus im Regelunterricht abzuleiten. Außerdem lassen sich aus den bisherigen Ergebnissen der vorliegenden Arbeit weitere didaktische Handlungsempfehlungen für den Einsatz der Modelleisenbahn innerhalb des Regelunterrichts ableiten.

4.1   Aus der Praxis

Innerhalb des Bundesgebietes gibt es, wie bereits erwähnt, zahlreiche Modelleisenbahn-AGs an Grundschulen, die im jeweiligen Konzept der Schule im GTA-Bereich angeboten werden. Der überwiegende Teil dieser AGs richtet sich an Schülerinnen und Schüler der dritten und vierten Jahrgangsstufe[20]. In der Uhlandschule Bettringen gibt es seit 2016 eine AG, die sich mit dem Bau einer Modelleisenbahn in der Modulbauweise beschäftigt. Zu den Überlegungen des Projekts gehört, dass die Modelleisenbahn einfach auf- und abbaubar und mit einer überschaubaren Technik versehen sein muss (vgl. Uhlandschule Bettringen 2020). Auch die Initiatoren des Wettbewerbs ‚Werkstatt Modelleisenbahn' als Materialgeber weisen darauf hin, dass es sich bewährt hat, eine Modelleisenbahn in der Modulbauweise von je max. DIN A2 großen Modulen zu bauen und zu gestalten (vgl. Mehr Zeit für Kinder e.V. 2020). Gleichsam wird betont, dass die Landschaftsgestaltung der Module in Einzel- wie auch in Partner- oder Gruppenarbeit gestaltet werden können. Dabei ist es wichtig, dass sich die Schülerinnen und Schüler vor dem eigentlichen Gestalten gemeinsam eine Landschaft überlegen, in der die Modelleisenbahn fahren soll. Hierbei können Schülerinnen und Schüler ihrer Fantasie freien Lauf lassen. Auch die Gestaltung des eigenen Heimatortes *en miniature* ist möglich (vgl. ebd.). Diese Möglichkeit sollte aus didaktischer und pädagogischer Sicht nicht außer Acht gelassen werden. Den Initiatoren der 'Werkstatt Modelleisenbahn' ist es wichtig, dass der Unterricht kreativ, schülerorientiert, projektbezogen sowie praxisnah umgesetzt und gefördert wird und dass ihre eigenständigen Lernprozesse durch deren Begleitung und Beobachtung einen hohen Stellenwert zukommt, während den Schülerinnen und Schülern der Raum zum Ausprobieren der Materialien gegeben wird (vgl. ebd.).

Lehren aus bisherigen Modelleisenbahn-AGs

---

[20] Anmerkung: Es gibt auch Grundschulen, die eine Modelleisenbahn-AG für Schülerinnen und Schüler bereits ab der zweiten Jahrgangsstufe anbieten. Die Fritz-Baumgarten-Schule in Leipzig ist ein Beispiel dafür (vgl. Fritz-Baumgarten-Schule 2019).

4.2 Für den Regelunterricht

Thema als Ausgangspunkt für die Gestaltung eines oder mehrerer Module

Aufgrund des oftmals begrenzten Platzes in den Grundschulen ist die Modulbauweise für eine Umsetzung im Regelunterricht zu bevorzugen. Themen des Sachunterrichts können und sollten für die Gestaltung einzelner Module oder der gesamten Anlage (Modelleisenbahn im weitesten Sinne) von den Lehrkräften in Betracht gezogen werden. Das bedeutet, dass eine Thematik des Sachunterrichts Ausgangpunkt für die thematische Bearbeitung durch den Bau einer Modelleisenbahn in Verbindung mit dem dazugehörigen Dioramenbau darstellen soll. Gerade die Vielperspektivität des Sachunterrichtes ermöglicht es, zahlreiche Themen im Modell darzustellen, wobei auch Themen anderer Fächer zu berücksichtigen sind. Für den Regelunterricht kann zunächst die Gestaltung eines Moduls je nach Thema durchgeführt werden. Aufgrund der Handhabung mit elektrischen Stromkreisen bei der Modelleisenbahn in Verbindung mit den Themen des Faches Werken kann und sollte die Umsetzung erst ab der dritten Jahrgangsstufe erfolgen.

Berücksichtigung der jeweiligen Fachdisziplin(en) und der Kindorientierung

Dabei ist eine projektartige Durchführung die pädagogisch und didaktisch potenzialreichste Methode. Diese Projektdurchführung sollte sich nicht allein auf den Bau einer Modelleisenbahn beschränken, sondern auch jene Fähigkeiten und Fertigkeiten schulen, die vielseitige Kompetenzen umfassen. Es können Differenzierungen zwischen Modell und Wirklichkeit thematisiert werden und gerade durch den Bau und der Gestaltung der Module in Verbindung mit den fachdidaktischen Themen zu einem Zuwachs der Modellkompetenz bei den Schülerinnen und Schülern führen. Gerade die Vielperspektivität des Sachunterrichts eignet sich dazu, ein Thema für die Gestaltung von jeweils einem Modul anzusetzen. Das Projekt muss sich zum einen an den Interessen der Projektteilnehmer orientieren und zum anderen einen Lehrplanbezug herstellen. Daher sind Lehrplanthemen so einzubinden, dass sie für eine Ausgestaltung auf einem oder mehreren Modulen dienlich sind. Die Einbindung einer Exkursion ermöglicht sowohl einen Situationsbezug als auch eine gesellschaftliche Praxisrelevanz herzustellen. Zudem muss das Projekt in der Form gestaltet sein, dass es sowohl alle Sinne der

Grundschulkinder einbezieht als auch ihr soziales Lernen fördert – im Einklang mit didaktisch geforderten und individuell verfügbaren Kompetenzen. Im folgenden Kapitel soll auf Grundlage der bisherigen Kapitel eine Projektkonzeption skizziert werden, um die Einbindung der Modelleisenbahn im weitesten Sinne für den Regelunterricht zu konkretisieren.

Literaturempfehlungen

Webseiten

Mehr Zeit für Kinder e. V.: Werkstatt Modelleisenbahn. Planen, bauen, spielend leicht lernen. Webseite unter: https://www.werkstatt-modelleisenbahn.de/ (Stand: Februar 2023).

Mehr Zeit für Kinder e. V.: Umsetzungsbeispiele. Webseite unter: https://www.werkstatt-modelleisenbahn.de/umsetzungsbeispiele/ (Stand: Februar 2023).

Modellbahnverband in Deutschland e.V. (2020): Jugend im MoBa. Webseite unter: https://www.moba-deutschland.de/jugend-im-moba/ (Stand: Februar 2023).

Weitere Webfundstücke (für Ideen)

Grundschule Oberlauchringen: Modellbau-AG. Webseite unter: https://grundschule-oberlauchringen.de/cms/index.php?option=com_content&view=category&layout=blog&id=34&Itemid=30 (Stand: Februar 2023).

Grund- und Werkrealschule Fichtenberg: Werkstatt ‚Modelleisenbahn' – ein Fortsetzungsbericht. Webseite unter: https://www.gwrs-fichtenberg.de/archiv/schuljahr-2018-2019/werkstatt-modeleisenbahn/ (Stand: Februar 2023).

Niels-Stensen-Schule Schwerin: Modelleisenbahn. Webseite unter: https://www.niels-stensen-schule.de/sn/Hort/Aktuell/Modelleisenbahn.php (Stand: Februar 2023).

Uli-Wieland-Grundschule Vöhringen: Unsere Modelleisenbahn. Webseite unter: https://uli-wieland-gs.voehringen.de/?p=3566 (Stand: Februar 2023).

Youtube-Videos (für Ideen)

derpeter110 (2016): 10 Jahre Modellbahn AG der Grundschule Wahnbek. Youtube: https://www.youtube.com/watch?v=Wl0XpChwo1k

Modell Eisenbahn (2021): Modelleisenbahn-Projekt an der Canisius-Schule Schwäbisch Gmünd 2021. Youtube: https://www.youtube.com/watch?v=6QxCEGjoAp4

Uhlandschule Bettringen (2018): Modellbahn Uhlandschule Bettringen - Schwäbisch Gmünd. Youtube: https://www.youtube.com/watch?v=2BLQOj89VRo

5   DIE PROJEKTKONZEPTION

Ziel der Projektkonzeption ist es, eine mögliche Umsetzung bzgl. der Einbindung der Modelleisenbahn in den Regelunterricht darzustellen. Der Sachunterricht soll hierfür den Ausgangspunkt bilden. Während die Projektziele, die Projekt- und Zielgruppe, die Projektdauer sowie die Stärken-Schwächen-Analyse für das gesamte Projekt gleichbleibend sind, ändern sich die perspektivischen Themenbereiche je nach Gestaltung der einzelnen Module. Diese Projektkonzeption sieht vor, dass jedes Modul jeweils ein Thema oder mehrere Themen zu einer Perspektive des Sachunterrichts darstellt, d.h. eine sachunterrichtliche Perspektive pro Modul. Aufgrund der Vielperspektivität des Sachunterrichts soll der Projektverlauf anhand der naturwissenschaftlichen Perspektive zum Thema ‚Lebensraum Wald' in Verbindung mit dem Thema ‚Lebensraum Gewässer' exemplarisch skizziert werden. Am Ende des Kapitels werden neben der skizzierten naturwissenschaftlichen Perspektive auch die anderen Perspektiven des Sachunterrichts anhand möglicher Gestaltungsbeispiele pro Modul und Perspektive dargestellt.

5.1 Ziele

5.1.1 Grobziele

Am Ende des Projekts soll eine bespielbare Modelleisenbahn im weitesten Sinne in der Modulbauweise entstehen. Dabei ist die genaue Anzahl an Modulen nicht vorgegeben, sondern richtet sich nach der jeweiligen zeitlichen, materiellen und interessenbehafteten Ausgangslage. Es ist jedoch anzustreben, dass möglichst viele Themen des Sachunterrichts zur Ausgestaltung von Modulen in zeitlichen Abständen herangezogen werden.

bespielbare Anlage als Produkt des Projekts

5.1.2 Inhaltliche Ziele

Die Schülerinnen und Schüler erkennen, dass Modelle keine 1:1-Darstellung der Wirklichkeit sind aber, dennoch dazu genutzt werden können, um die Wirklichkeit mehr oder weniger abstrakt darzustellen. Dies ist essentiell für ihre *Modellkompetenzen*. Die kreative Auseinandersetzung soll die Schülerinnen und Schüler dabei unterstützen, diese Unterschiede zwischen Modell und Wirklichkeit zu erkennen.

Erkennen der Unterschiede zwischen Modell und Wirklichkeit

5.1.3 Kompetenzförderung

Wie bei den inhaltlichen Zielen beschrieben, soll die projektartige Arbeit an und mit der Modelleisenbahn dazu dienen, die *Modellkompetenzen* der Schülerinnen und Schüler zu fördern. Gleichzeitig sollen mit diesem Projekt andere Kompetenzen gefördert werden. Hierzu gehören die Medienkompetenz, wenn die Schülerinnen und Schüler bzgl. des perspektivischen Themenbereichs Recherchearbeiten durchführen und diese durch die Arbeit am Modell reflektieren. Damit verbunden ist auch die *Sozialkompetenz*, welche nicht nur durch die gemeinsame Recherchearbeit und dem Austausch gegeben ist, sondern auch durch das gemeinsame Bauen und Bespielen des entstehenden Produkts gefördert wird.

Förderung von Modell- und Sozialkompetenz

5.2 Projekt- und Zielgruppe

Schülerinnen und Schüler sowie Lehrkraft als Projektgruppe

Durch die aus dem Lehrplan für das Fach Werken ausgehenden Beschränkungen bzgl. des Hantierens mit elektrischem Strom und der Eigenschaft der Modelleisenbahn als elektrisches Objekt, lassen sich als Projektteilnehmer die Schülerinnen und Schüler in den dritten und vierten Jahrgangstufen verorten, in einem Alter von acht bis elf Jahren. Zudem gehört auch die Lehrkraft zur Projektgruppe.

Projektgruppe und Außenstehende als Zielgruppe

Zur Zielgruppe gehören gleichsam die Schülerinnen und Schüler der dritten und vierten Jahrgangstufe, welche als Teilnehmerinnen und Teilnehmer des Projekts an dessen Umsetzung beteiligt sind, als auch Schülerinnen und Schüler der anderen Jahrgangsstufen, die mit dem Endprodukt spielen können. Der Unterschied zwischen den beiden Gruppen besteht darin, dass die Projektteilnehmerinnen und -teilnehmer aktiv an dem Bau und der Gestaltung der Anlage beteiligt sind, während die Zielgruppe, zu denen auch die Projektteilnehmerinnen und -teilnehmer zählen können, sich als Rezipientinnen und Rezipienten dem Objekt nähern. Die realisierte Modelleisenbahn im weitesten Sinne kann ein Aushängeschild nicht nur für die Klasse sein, die sie baut, sondern auch für die gesamte Schule. So kann die möglichst stetig wachsende Anlage einen ständigen Platz in Ausstellungen einnehmen, welche nicht nur einen Blickfang bei periodisch stattfindenden schulischen Festen und Veranstaltungen bietet, sondern auch zum Spielen einladen kann.

5.3 Projektdauer

Projektdauer von einzelnen Stunden bis zu zwei Unterrichtsjahre ausdehnbar

Je nach vorhandenen Ressourcen kann die Projektdauer verschiedene Zeiträume einnehmen. Die optimale Projektdauer erstreckt sich über zwei Schuljahre für Schülerinnen und Schüler von der dritten bis zur vierten Jahrgangstufe, um weitestgehend alle im Lehrplan Sachunterricht angedachten Themen mit diesem Projekt zu berühren oder ggf. bestmöglich auszuloten. Die zeitlich kürzeste Variante ist der Bau und die Gestaltung einer Anlage mit nur einem Modul zu einem Themenbereich. In diesem Fall würde sich die

Projektdauer über wenige Tage bis wenigen Wochen erstrecken. Die kürzeste Variante ist der einmalige Durchlauf des Projektverlaufs. Bei einem längerfristigen Projekt zu verschiedenen Themen des Sachunterricht wird beim Abschluss des Projektverlaufs zu einem Thema auf die Projektinitiative für das nächste Thema hingearbeitet. Das Projekt bildet daher eine potenzielle Schleife, die je nach Thema neu durchlaufen werden kann.

5.4 Erwartungen

Die Durchführung des Projekts ist mit der Erwartung verbunden, dass die Lernmotivation der Schülerinnen und Schüler durch die Komponenten des Spielens und der perspektivischen und gestalterischen Auseinandersetzung steigt. Gerade die themenspezifische Auseinandersetzung mithilfe der Modelleisenbahn im weitesten Sinne und die Kombination aus Spiel- und Lerngegenstand könne lernförderliche Synergieeffekte hervorbringen, die ein tieferes Interesse am Thema und ein tieferes Durchdenken des Themas ermöglichen und die Lust am Lernen fördert. Es ist nicht davon auszugehen, dass die Schülerinnen und Schüler bei der Gestaltung ihrer Modelle das Niveau erreichen, welches erfahrene Modell(eisenbahn)bauer haben. Dennoch ist davon auszugehen, dass die entstehenden Modelle auf individuelle Art und Weise die Lernfortschritte der Schülerinnen und Schüler aufzeigen können – ähnlich oder besser als es Arbeitsblätter könnten.

lernförderliche Synergieeffekte zwischen Spielen und Lernen erwartbar

5.5 Verlauf

5.5.1 Projektinitiative

Da die Ausgangspunkte, die ein Projekt begünstigen, oft nicht vorhersehbar sind, sollen im Folgenden dennoch einige Möglichkeiten betrachten werden. Der Besuch der Klasse in einem örtlichen oder regionalen Modelleisenbahnverein kann Impulse für eine Initiative sein, bei dem die Schülerinnen und Schüler sich auch innerhalb der Grundschule mit diesem Gegenstand auseinandersetzen möchten. Darüber hinaus kann ein kooperativer Kontakt mit

1. Phase: mögliche Impulse für Projektinitiative

den Modelleisenbahnvereinen eine Grundlage für die weitere Durchführung des Projektes sein. Auch das Mitbringen (seitens der Lehrkraft oder der Schülerinnen und Schüler) von modellhaften Gegenständen kann die projektbedingenden Impulse setzen. Ebenso können sich Anknüpfungspunkte und Fragen durch Exkursionen in der nähere Umgebung der Grundschule (z.b. in den Wald) ergeben, um eine Umsetzung *en miniature* in Form einer Modelleisenbahn im engeren, erweiterten oder, im Idealfall, weitesten Sinne in Gang zu setzen. Die Auseinandersetzung mit dem Thema ‚Lebensraum Wald' soll exemplarisch genutzt werden, um den weiteren Projektverlauf zu skizzieren.

5.5.2 Auseinandersetzung in einem vereinbarten Rahmen

2. Phase: Projektskizze, Verbindung zum gewählten Themenbereich, weiteren Gruppenbildung

Ziel der zweiten Phase ist die Erstellung einer Projektskizze unter Beteiligung der gesamten Projektgruppe (Klasse). Unter dem Themenbereich des Lebensraumes Wald lassen sich auch Verbindungen zu themennahen Bereiche finden, wie bspw. der Themenbereich des Lebensraums Gewässer finden. So lässt sich die gesamte Projektgruppe in zwei Untergruppen aufteilen. Während sich die eine Gruppe mit dem Lebensraum Wald beschäftigt, konzentriert sich die andere Gruppe auf den Lebensraum Gewässer. Die zeitliche Fixierung kann je nach Ideen und Interessenfülle in der Projektgruppe recht unterschiedlich ausfallen. Die Gestaltung eines Moduls kann wenige Tage dauern, dennoch sollte die Dauer nicht eine Woche überschreiten.

5.5.3 Entwicklung des Betätigungsgebietes

3. Phase: weitere Untergruppen durch Arbeitsteilung

Innerhalb der zwei entstandenen Gruppen können sich weitere Untergruppen formieren, wobei die Übergänge nicht trennscharf sind. So können Untergruppen für die Recherchearbeit, für die Materialbeschaffung oder für die Materialgestaltung gebildet werden. Gleichzeitig sollen sich alle Teilnehmerinnen und Teilnehmer des Projekts über ihre jeweiligen Aufgaben im Klaren werden.

5.5.4 Aktivitäten im Betätigungsgebiet

Der erste Projekttag ist durch zwei Aktivitäten gekennzeichnet. Zum einen soll eine bespielbare Rohanlage in ein bis zwei Unterrichtsstunden entstehen. Und zum anderen sollen die Schülerinnen und Schüler zu ihrem jeweiligen Thema (Wald bzw. Gewässer) Informationen in den darauffolgenden zwei Unterrichtsstunden sammeln bzw. recherchieren. Es wird zunächst das leere Modul[21] mit den beiden Endmodulen[22] sowie das Modelleisenbahnmaterial von der Lehrperson präsentiert. Die Schülerinnen und Schüler bauen die Modelleisenbahn gemeinsam auf und zwar so, dass die Gleise an den Modulenden auf Kante liegen. Auf dem Modul, welches gestaltet werden soll, sollten zwei Gleise parallel verlegt werden (siehe hierzu Abbildung 5 in Abschnitt 2.1.4). Danach kann der erste Spielbetrieb im Klassenverband aufgenommen werden, bevor sich die Schülerinnen und Schüler in ihre Themengruppen begeben und zur Ausgestaltung des Moduls Informationen recherchieren. Bezüglich der Themen Wald und Gewässer können sich beide Gruppen an folgenden Fragen orientieren:

4. Phase: aktive Durchführung durch Exkursion, Dokumentation und Modulgestaltung

1. Welche Pflanzen und Tiere gibt es im jeweiligen Themengebiet?

2. Welche Pflanzen und Tiere sind auf dem Modul darstellbar?

3. Welchen Platz benötigt die Ausgestaltung des jeweiligen Themas auf dem Modul?

Am zweiten Projekttag erfolgt eine Exkursion der gesamten Projektgruppe in die Lebensräume Wald und Gewässer. Hierbei können die jeweiligen Themengruppen noch tiefer in die Recherche eintreten, indem sie ihren Aufenthalt dokumentieren. Sie können Zeichnungen anfertigen, Fotos schießen oder auch Naturmaterialien einsammeln, die sie zur Gestaltung benötigen könnten.

---

[21] Anmerkung: Die Module sollten bei der erstmaligen Auseinandersetzung mit der Modelleisenbahn bereits vorbereitet sein, z.B. als ein mögliches Objekt in der Projektinitiative oder durch Hilfe eines örtlichen Schreiners. Bei längerer Projektdauer können diese Module auch von den Schülerinnen und Schüler selbst im Zuge des Faches Werken gefertigt werden.
[22] Anmerkung: Auf den Endmodulen werden die Gleise ähnlich zweier Kopf- oder Endbahnhöfe angelegt, sodass ein offener Gleisverlauf entsteht (siehe Abbildung 6 in Abschnitt 2.1.5).

Der dritte Projekttag obliegt dem Zusammentragen von Rechercheergebnissen und Materialien in den einzelnen Themengruppen und den ersten Bastel- und Gestaltungsaktivitäten. Mit dem Zusammentragen aller Informationen, welches etwa 30 Minuten in Anspruch nehmen soll, planen die Schülerinnen und Schüler das weitere Aussehen ihres jeweiligen Teils auf dem Modul in den darauffolgenden 30 Minuten. Der Großteil des dritten Tages beinhaltet die Bastel- und Gestaltungsaktivitäten der Projektgruppe unter Verwendung der verschiedensten Materialien. Dabei geht es vor allem darum, dass sich die Schülerinnen und Schüler mit den kleinsten Gestaltungselementen[23] beschäftigen. Alle Gestaltungsmaterialien, soweit sie für die Schülerinnen und Schüler handhabbar sind, können und sollten einbezogen werden. Das gilt sowohl für Kunststoffmaterialien, welche eine neue Funktion erhalten können, als auch für Naturmaterialien, die im Zuge der Exkursion gesammelt wurden. Hierbei ist es wichtig, dass sich die beiden Themengruppen im gegenseitigen Austausch befinden können und sollten. Spätestens am Ende des dritten Projekttages sollten sich die beiden Themengruppen ihre jeweiligen Zwischenergebnisse gegenseitig präsentieren.

Der vierte Projekttag beinhaltet die Ausgestaltung des Moduls mit den einzelnen Teilelementen. In einem gegenseitigen Austausch aller Projektteilnehmer von etwa 20 bis 30 Minuten werden nochmals die genauen Details für die Modulgestaltung ausgehandelt. Dabei ist das bisher erworbene Wissen um die Themengebiete von entscheidender Bedeutung, denn erst in diesem Moment bringen die Schülerinnen und Schüler ihr Wissen zum finalen Ausdruck. Der Rest des vierten Tages obliegt der endgültigen Fertigstellung des Moduls durch die gesamte Projektgruppe.

---

[23] Anmerkung: Die kleinsten Gestaltungselemente können und sollten im Themenbereich ‚Lebensraum Wald‘ die Gestaltung sowohl von Laub- und Nadelbäumen, Sträuchern und Moosen als auch darstellbare Waldtiere beinhalten.

5.5.5 Abschluss

Der Abschluss des Projekts kann sowohl durch eine Präsentation der Ergebnisse der Schülerinnen und Schüler an einem Tag der offenen Tür (als möglicher fünfter Projekttag) erfolgen als auch das Potenzial zur Weiterführung beinhalten. In einem gemeinsamen Austausch der gesamten Projektgruppe können Wünsche zur Weiterführung entstehen. Jenes Potenzial zur Weiterführung bietet die Möglichkeit zur Auseinandersetzung mit anderen Themen des Sachunterrichts. Daher sollte unter Bezugnahme anderer Themen eine schleifenartige Rückkopplung zur Projektinitiative erfolgen.

5. Phase: Präsentation beim Tag der offenen Tür mit Möglichkeit zur Projektfortführung

5.5.6 Fixpunkte

Fixpunkte während des Projektes können jene Momente sein, in denen entweder die gesamte Projektgruppe oder ihre Teilgruppen mit der Modelleisenbahn spielen. Gerade hier liegt die Möglichkeit zum gemeinsamen Austausch, um weitere kleine Schritte zu planen. Als Grundlage dient dabei die Projektskizze, welche im Laufe des Projekts durch die Fixpunkte ständigen aber einvernehmlichen Abänderungen unterliegt. Darüber hinaus lässt sich auch ein Projekttagebuch für die gesamte Projektgruppe einbinden, in welchem die einzelnen Teilgruppen ihre Tagesziele als Fixpunkte formulieren und immer wieder nachprüfen können. Zudem können auch individuelle Projekttagebücher, vergleichbar mit Lerntagebüchern, für jede einzelne Schülerin und jeden einzelnen Schüler auf ähnliche Weise dazu dienen, individuelle Fixpunkte in Form von Tageszielen zu formulieren und diese zu überprüfen. Gleichsam können die individuellen Projekttagebücher dazu dienen, die weitere Planung und den bisherigen Lernstand für die Schülerinnen und Schüler zu veranschaulichen.

Fixpunkte als Momente des gemeinsamen Spielens und des Austausches

5.5.7 Metainteraktion

Eine Metainteraktion bildet die Recherchearbeit und -präsentation sowie den damit verbundenen gegenseitigen Austausch – nicht nur innerhalb der zweiten bis dritten Phase, sondern über die gesamte Projektzeit hinweg. Da die zwei themengebundenen Gruppen ihre Ergebnisse auf einem räumlich be-

Formen der möglichen Metainteraktionen

grenzten Raum auf dem Modul darstellen können, müssen bereits vor und während der Gestaltung die jeweiligen Platzverhältnisse im gegenseitigen Austausch der beiden Gruppen kommuniziert werden. Neben den fachdidaktischen DAHs des Sachunterrichts und den fachübergreifenden Interaktionen bildet auch das gemeinsame Spielen eine gemeinsame Handlung, die sich in den verschiedensten Momenten des Projektverlaufs ergeben und zugelassen werden sollte.

5.6 Stärken-Schwächen-Analyse

ständiges Risiko des Abbruchs

Da es sich hierbei um ein Projekt handelt, besteht immer das Risiko des Abbruchs. Bereits vor dem Projektbeginn kann das Risiko des Abbruchs bestehen, indem nicht genügend materielle, räumliche oder motivationale Ressourcen vorhanden sind. Außerdem kann die Klassengröße (von 25 oder mehr Schülerinnen und Schülern) dazu führen, dass nicht alle Interessen berücksichtigt werden können, welche wiederum zu Verwerfungen und schließlich zu einem ungewollten Abbruch führen können.

Stärke zur Erschließung vielfältiger Perspektiven und Themen

Die Einbindung des Modelleisenbahnbaus in den Regelunterricht ist in der Form noch nicht vollzogen worden. Dennoch bietet es den Schülerinnen und Schülern die Gelegenheit, sich mit vielen Themengebieten aus ihrer Lebenswelt eingehender auseinanderzusetzen. Die zeitliche Flexibilität und Ausdehnbarkeit des Konzepts ermöglicht es, den anderen projektfremden Kompetenzen, die im Unterricht der Grundschule zusätzlich erworben werden müssen, genügend Zeit einzuräumen. Gleichzeitig birgt der Bau einer Modelleisenbahn im weitesten Sinne auch die Möglichkeit, dass sich die Schülerinnen und Schüler eingehender mit einem oder mehreren Themenfeldern gleichzeitig oder zeitversetzt auseinandersetzen.

Chance für lernförderliche Synergien

Gerade in Bezug auf den Regelunterricht mit seinen vielseitigen Fächern hat die Auseinandersetzung bzw. die Einbindung der Modelleisenbahn im weitesten Sinne das Potenzial, Synergieeffekte zwischen den Grundschulkindern und den zu bearbeitenden Themenbereichen hervorzurufen. Jene Synergieeffekte können es ermöglichen, dass sich die Schülerinnen und Schüler durch die gestalterische Umsetzung tiefer mit den einzelnen Themenbereichen auseinandersetzen können. Darüber hinaus fördert der Bau einer Modelleisenbahn das Arbeits- und Sozialverhalten der Schülerinnen und Schüler, da zu jedem Zeitpunkt des Projekts die Kommunikation und Zusammenarbeit untereinander unabdingbar sind und diese erfordern.

5.7 Modulbeispiele der einzelnen Perspektiven

5.7.1 Sozialwissenschaftlich

Die Abbildung 17 zeigt eine mögliche Umsetzung der sozialwissenschaftlichen Perspektive auf einem Modul.[24]

Abbildung 17: Modulbeispiel für die sozialwissenschaftliche Perspektive

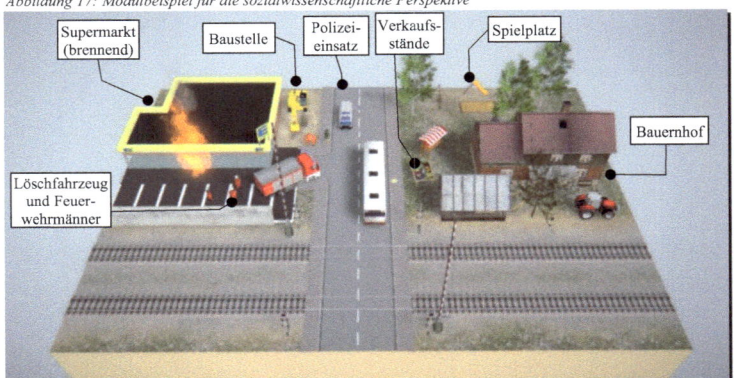

Quelle: Eigene Darstellung

Auf dem Modul befinden sich ein Supermarkt (links) und ein Bauernhof (rechts) mit Verkaufsständen als Verbindung zu Produktionsabläufen und Berufsbildern im Lernbereich 1 des Sachunterrichts für die vierte Jahrgangsstufe (vgl. Sächsisches Staatsministerium für Kultus 2004/2009/2019a, S. 25). Der Supermarkt brennt und ist von Einsatzkräften umgeben. Hier besteht ein Lehrplanbezug zum Sachunterricht in der vierten Jahrgangsstufe

---

[24] Anmerkung: Die Abbildung 17 entstand unter Verwendung des 3D-Modellbahn Studios in Verbindung mit 3D-Modellen, die von Mitgliedern der dahinterstehenden Community geschaffen wurden.

im Lernbereich 4 für die „Verhaltensweisen beim Umgang mit Feuer [und] Brandschutzmaßnahmen" (ebd., S. 28; Einschub: Verfasser).

5.7.2 Naturwissenschaftlich

Die Abbildung 18 zeigt ein Beispiel für die Gestaltung eines Moduls unter Berücksichtigung der naturwissenschaftlichen Perspektive des Sachunterrichts, wie sie im Zuge des in Abschnitt 5.5 beschriebenen Projektverlaufs entstanden sein kann.[25]

Abbildung 18: Modulbeispiel für die naturwissenschaftliche Perspektive

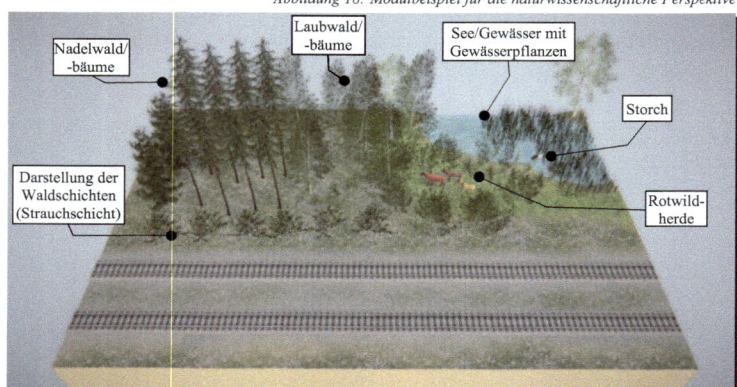

Quelle: Eigene Darstellung

Die Themenbereiche des möglichen Moduls liegen in der Auseinandersetzung mit den Phänomen der belebten Natur. Der Gestaltung kann eine Exkursion vorangegangen sein, welche vom sächsischen Lehrplan Sachunterricht in der vierten Klassenstufe vorgeschrieben ist. Das „Kennen des Waldes als Lebensgemeinschaft" (ebd., S. 27) und „ausgewählter Gewässer als Lebensraum" (ebd.) bilden die Grundlage für die Gestaltung dieses Moduls. So können die Schülerinnen und Schüler nicht nur die Ebenen des Waldes, sondern auch einen Großteil der heimischen Flora und Fauna im Modell darstellen.

---

[25] Anmerkung: Die Abbildung 18 entstand unter Verwendung des 3D-Modellbahn Studios in Verbindung mit 3D-Modellen, die von Mitgliedern der dahinterstehenden Community geschaffen wurden.

5.7.3 Geographisch

Zur geographischen Perspektive kann ein Modul entstehen, wie es in der Abbildung 19 dargestellt ist.[26]

Abbildung 19: Modulbeispiel für die geographische Perspektive

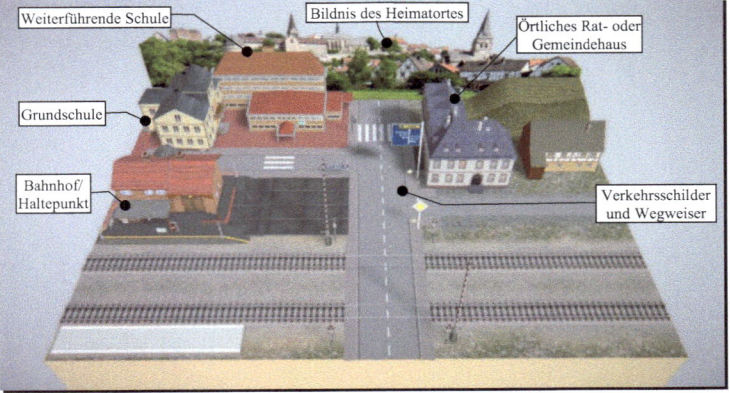

Quelle: Eigene Darstellung

Ausgangspunkt für dieses Modul kann der Lernbereich 5 für die dritte Jahrgangsstufe bilden, in dem es um das „Kennen der Raumgliederung im Heimatort" (ebd., S. 21) geht. Dabei befinden sich prägnante Gebäude (Grundschule, Rathaus, Bahnhof) auf dem Modul, welche in Aussehen und Lage in Verbindung mit den Straßen- und Wegeverläufen der Wirklichkeit nachempfunden sind. An diesem Modul befindet sich ein Bildnis des Heimatortes als Hintergrund, welches sowohl von den Schülerinnen und Schülern gemalt oder fotografiert sein könnte. Am besten ließe sich die Gestaltung bzgl. des Heimatortes über mehrere Module realisieren, um die verschiedensten Orte geographisch korrekt darzustellen. Zudem kann die gesamte Anlage zur weiteren geographischen Arbeit genutzt werden, indem die Schülerinnen und Schüler Karten zur Anlage gestalten können.

---

[26] Anmerkung: Die Abbildung 19 entstand unter Verwendung des 3D-Modellbahn Studios in Verbindung mit 3D-Modellen, die von Mitgliedern der dahinterstehenden Community geschaffen wurden.

5.7.4 Historisch

Die Abbildung 20 zeigt ein Beispiel für die historische Perspektive.[27]

Abbildung 20: Modulbeispiel für die historische Perspektive

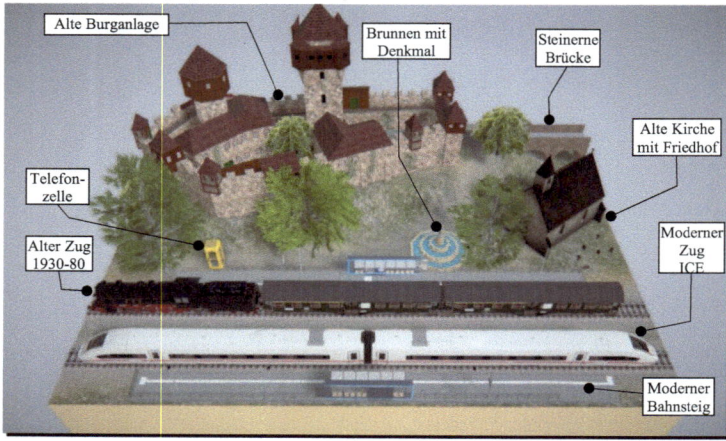

Quelle: Eigene Darstellung

Zum einen kann die Modelleisenbahn im engeren Sinne durch die Verwendung historischer und aktueller Zugmodelle dazu dienen, dass sich die Schülerinnen und Schüler mit der Mobilität im geschichtlichen Kontext auseinandersetzen. Und zum anderen können die Schülerinnen und Schüler bei der Modelleisenbahn im weitesten Sinne historische Bauwerke aus der näheren oder entfernteren Umgebung der Grundschule als Modell auf Grundlage von Recherchearbeiten oder Exkursionen nachbauen und auf dem Modul in Szene setzen. Lehrplanbezüge für dieses Modul sind sowohl der Lernbereich 1 für die dritte Jahrgangsstufe, in dem es um die „Lebensgewohnheiten der Region auf dem Land früher und heute" (ebd., S. 18) geht, als auch der Wahlbereich 5 für die vierten Jahrgangsstufe, welcher das „Kennen einer historischen Anlage der Region" (ebd., S. 31) beinhaltet.

---

[27] Anmerkung: Die Abbildung 20 entstand unter Verwendung des 3D-Modellbahn Studios in Verbindung mit 3D-Modellen, die von Mitgliedern der dahinterstehenden Community geschaffen wurden.

5.7.5 Technisch

In der Abbildung 21 ist eine mögliche Modulgestaltung für die technische Perspektive dargestellt.[28]

Abbildung 21: Modulbeispiel für die technische Perspektive

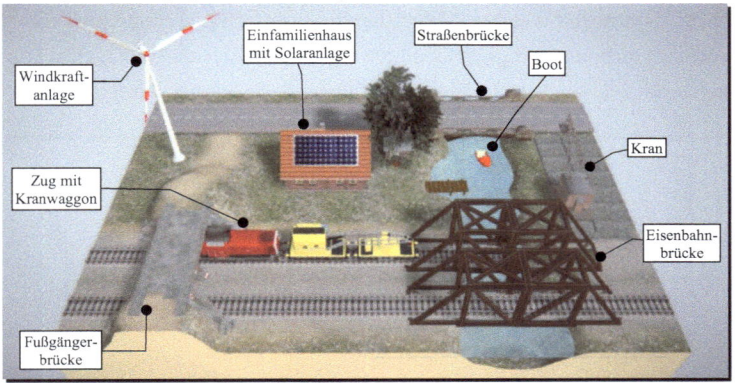

Quelle: Eigene Darstellung

Hierzu gibt es zwar keinen direkten Zusammenhang zum sächsischen Lehrplan Sachunterricht, aber es können Brücken der Region im Modell entstehen. Auch der Kran (rechts) kann als Eigenbau der Schülerinnen und Schüler entstehen und voll funktionsfähig sein. Gleichzeitig kann auf die umweltschonende Energiegewinnung hingewiesen werden durch das Windrad oder das Einfamilienhaus, welches durchaus mit Bausatz-Solarzellen im Modell bestückt und dadurch Elektrizität erzeugen kann. Bereits die Auseinandersetzung mit der Modelleisenbahn im engsten und erweiterten Sinne bietet die Möglichkeiten, dass die Schülerinnen und Schüler einfache Wartungsarbeiten an den Lokmodellen durchführen. Darüber hinaus kann die Modelleisenbahn im weitesten Sinne durch die Installation einfacher elektronischer Stromkreise (z.B. bei Hausbeleuchtungen) auf der gesamten Anlage zur technischen Bildung beitragen.

---

[28] Anmerkung: Die Abbildung 21 entstand unter Verwendung des 3D-Modellbahn Studios in Verbindung mit 3D-Modellen, die von Mitgliedern der dahinterstehenden Community geschaffen wurden.

Basteltipp

Die einzelnen Modelle auf den Modulen müssen nicht immer als Bausätze besorgt werden. Viel wichtiger ist es die Schülerinnen und Schüler entscheiden zu lassen, mit welchen Materialien diese Modelle hergestellt werden sollen. Manchmal ergibt sich hierdurch die Möglichkeit des Upcyclings, indem scheinbar nutzlose Stoffe und Abfallreste aufgewertet werden.

6   FAZIT UND AUSBLICK

6.1   Ergebnis

Die Modelleisenbahn im engsten und erweiterten Sinne ist zunächst ein Spielzeug, mit dem sich die Kinder im Grundschulalter beschäftigen können. Doch gerade im weitesten Sinne bietet es zahlreiche Möglichkeiten für einen gehaltvollen didaktisch-pädagogischen Einsatz im Regelunterricht. Im weitesten Sinne entfaltet die Modelleisenbahn ihre vielperspektivischen Potenziale, die nicht nur für den Sachunterricht eine Rolle spielen. Die Modulbauweise unter der Verwendung der Spurweite H0 mit dem Zweileiter-Dreischienen-System und der digitalen Steuerung erscheint für Kinder im Grundschulalter am praktikabelsten. Daher sollte diese Variante im Falle einer Einbindung der Modelleisenbahn im weitesten Sinne für Regelunterricht gewählt werden.

Praktikabilität der Modelleisenbahn als Spiel- und Lerngegenstand

Gerade die themengebundene Auseinandersetzung durch die Gestaltung von einzelnen Modulen ermöglicht theoretisch sowohl das Lernen von Modellen als auch das Lernen über Modelle, welche Voraussetzungen und wichtige Faktoren zur Förderung der Modellkompetenz sind. Darüber hinaus erweist sich die Modelleisenbahn im weitesten Sinne theoretisch als ein Lerngegenstand, der die Möglichkeit zu den vielfältigsten Perspektiven und Themen zulässt. Vor allem der Sachunterricht bietet sich bei der Gestaltung von Modulen an, da die verschiedensten perspektivischen Themen hierdurch einen Ausdruck finden können, die es den Schülerinnen und Schülern ermöglicht, nicht nur perspektivenbezogene, sondern auch perspektivenübergreifende DAHs zu erwerben bzw. zu entwickeln. Dabei ist zu bedenken, dass diese DAHs nicht allein durch die Gestaltung der Modelleisenbahn, sondern auch durch modelleisenbahnfremde Methoden erworben und entwickelt werden können. Beides schließt sich nicht zwangsläufig aus. Daher kann und sollte sich der Bau einer Modelleisenbahn im weitesten Sinne nicht aus seiner Selbstwillen heraus vollziehen, sondern stets jene Impulse setzen, die zum Erwerb und zur Entwicklung der DAHs beitragen.

„Lernen von Modellen" und „Lernen über Modelle" im vielperspektivischen Verbund durch die Modelleisenbahn

Verbindung zu anderen Fächern möglich durch Modelleisenbahn

Sowohl der Sachunterricht als auch die in dieser Arbeit betrachteten Fächer (Deutsch, Mathematik, Kunst und Werken) bieten eine Vielzahl an fachdidaktischen und lehrplanbezogenen Anknüpfungspunkte, wobei lediglich die Sächsischen Lehrpläne für die Primarstufe untersucht wurden. Dies spricht zum einen für die Potenziale der Einbindung der Modelleisenbahn im weitesten Sinne in den Regelunterricht und macht sie zum anderen zu einem über den Sachunterricht hinaus vielperspektivischen Lerngegenstand.

Einbindung der Modelleisenbahn möglichst als Projekt

Ausgehend von den fachübergreifenden bzw. fächerverbindenden Potenzialen sollte die mögliche Einbindung in Form eines produktorientierten Projekts erfolgen, da die Modelleisenbahn im weitesten Sinne ein Produkt darstellt und erst durch das Projekt sich diese Potenziale voll entfalten können. Gerade die Umsetzung durch das Projekt bietet die Möglichkeit weitere Kompetenzen zu schulen – sowohl bei der Methoden- als auch bei der Sozialkompetenz. Gleichsam sollte dem Spieldrang der Schülerinnen und Schüler kein Riegel vorgeschoben werden, da die Modelleisenbahn ein Spielgegenstand ist, der die nötigen Impulse für die Auseinandersetzung zu verschiedenen Themen setzen kann.

6.2 Diskussion

Einbindung der Modelleisenbahn im Regelunterricht nur theoretisch, praktische Erfahrungen wünschenswert

Die bisherige Beschäftigung mit dem Gegenstand Modelleisenbahn in Arbeitsgemeinschaften innerhalb des Ganztagsangebotes an Grundschulen kann und soll weiter vollzogen werden. Innerhalb des Regelunterrichts besteht bei der Modelleisenbahn im weitesten Sinne das größte Potenzial, um die verschiedensten Themenbereiche und Interessen in den unterschiedlichsten Fächern miteinander zu verbinden. Die Modelleisenbahn im engsten oder erweiterten Sinne kann dies nur minimal. Da die vorliegende Buch die Einbindung der Modelleisenbahn nur theoretisch betrachtet, mangelt es noch an praktischen Erfahrungen, die es ermöglichen, es als vielperspektivischen Lerngegenstand hinreichend zu validieren. Die Auseinandersetzung mit der Modelleisenbahn im Regelunterricht kann nicht alle detaillierten Facetten des vielperspektivischen Sachunterrichts abdecken. Beispielsweise können zum Gegenstand Modelleisenbahn keine direkten Anknüpfungen zum perspektivenvernetzenden Themenbereich der Gesundheitsprophylaxe hergestellt werden. Die Modelleisenbahn ist kein pädagogisch-didaktischer Alleskönner und darf auch nicht als solcher betrachtet werden.

Es kann nicht davon ausgegangen werden, dass sich alle Schülerinnen und Schüler mit einem gleichhohen und -bleibenden Interesse diesem Gegenstand gegenüber identifizieren, auch wenn sie zum Spielen angehalten sind und der Gegenstand theoretisch zu lernförderlichen Synergien führt. Die in der vorliegenden Arbeit vorgestellte Projektkonzeption zielt darauf ab, dass sich die Schülerinnen und Schüler über zwei Schuljahre (dritte und vierte Jahrgangstufe) hinweg je nach perspektivischen Anknüpfungspunkten mit der Modelleisenbahn im weitesten Sinne auseinandersetzen. Aufgrund der Klassengröße und des kleinen physischen Gestaltungsraums auf dem jeweiligen Modul kann es zu erheblichen Motivationsverlusten seitens der Schülerinnen und Schüler kommen. Möglich wäre es, die Schülerinnen und Schüler in themenspezifische Gruppen einzuteilen, die je nach Thema zu je einem bestimmten Zeitpunkt der zwei Schuljahre ein Modul gestalten, d.h. ein Modul pro Gruppe. Zu überlegen wäre auch, ob nicht gleich eine gesamte Modelleisenbahnanlage innerhalb einer Projektwoche realisiert werden kann, in welcher die Schülerinnen und Schüler je nach Interesse einer Themengruppe zugeordnet sind. Diese Projektwoche mit der Thematik der Modelleisenbahn könnte am Ende der vierten Jahrgangsstufe durchgeführt werden und die Schülerinnen und Schüler dazu anhalten, ihr Wissen und Können aus den vergangenen zwei Schuljahren unter Beweis zu stellen.

projektartige Auseinandersetzung mit dem Potenzial vielperspektivischer Verknüpfungen

Die in der vorliegenden Arbeit dargestellten Potenziale sollen für eine mögliche Einbindung der Modelleisenbahn als Lerngegenstand in den Regelunterricht der Grundschule in Betracht gezogen werden. Aufgrund des geringen Umfangs der Arbeit sind andere Fächer (z.B. Musik, Deutsch als Fremdsprache, Ethik/Religion, Sport) und Bereiche des Sachunterrichts (z.B. Bildung für nachhaltige Entwicklung) nicht beleuchtet worden, obwohl anzunehmen ist, dass es auch hierbei Anknüpfungspunkte geben kann. Die Modelleisenbahn ist durchaus ein schwer zu handhabender Lerngegenstand.

Einbindungsoptionen in Bezug auf weitere Fächer nicht ausgeschlossen

*vielperspektivi-
sche Möglichkei-
ten der Modellei-
senbahn noch
nicht ausge-
schöpft*

Kein Lerngegenstand ist vollkommen, aber die Modelleisenbahn im weitesten Sinn ist einer, der die Potenziale vielseitigster Betrachtungen zulassen kann. Daher sollte der pädagogische und didaktische Gedanke zur Einbindung der Modelleisenbahn in den Regelunterricht nicht von vorn herein ad acta gelegt werden, sondern eine Basis für weitere konkrete und noch nicht gedachte Überlegungen sein. Erst diese Überlegungen in Verbindung mit der unterrichtlichen Durchführung können die Modelleisenbahn nicht nur theoretisch, sondern auch praktisch zu einem vielperspektivischen Lerngegenstand machen. Das Lernen ist wie ein Weg. Und jeder Weg beginnt mit einem ersten Schritt – vielleicht sogar mit der ersten Modelleisenbahnfahrt oder gar mit dem ersten Gleis.

LITERATURVERZEICHNIS

Primärquellen

Faustmann, I. (2002): Modellbahn leicht gemacht. München: GeraMond Verlag.

Fleischer, K. (2011): Anlagenplanung für Einsteiger. Faszination Modelleisenbahn. In: Modelleisenbahn - das große Gleisplan-Buch: vorbildliche Anlagenentwürfe für alle Spurweiten. Königswinter: Heel Verlag, S. 6–11.

Gebr. Märklin & Cie GmbH (2022a): Startpackung Güterzug mit Dampflok BR 89, Gleisoval, Fahrgerät, Stromversorgung. In: Märklin. Gebr. Märklin & Cie GmbH. https://www.maerklin.de/de/produkte/details/article/81701 (Abruf 16.5.2022).

Gebr. Märklin & Cie GmbH (2022b): Willkommen bei start up | Märklin Website DE. In: Märklin. Gebr. Märklin & Cie GmbH. https://www.maerklin.de/de/lp/2020/willkom-men-bei-start-up (Abruf 16.5.2022).

Grimmel, G./Heilig, R./Ippen, R./Kath, A./Mock, T./Peter, G./Prignitz, R./Pütz, T./Schneider, B./Weckwerth, G./Wisdorf (2012): Praxishandbuch digitale Modellbahn: Grundlagen, Fahren, Steuern, Melden, Fahrdienst leiten. Königswinter: Heel.

Krüger, M. (2000): Für das Anlagenprinzip „An der Wand entlang" plädiert Martin Krüger. In: MEB ModellbahnSchule 1, S. 22–23.

Meier, H. (2015): Vom Teppich auf die Platte. In: Modelleisenbahn – die neue große Schule: das Grundlagenwissen. Königswinter: Heel Verlag, S. 18–23.

MOROP (NEM 010-2:2011-11, 2011): NEM 010:2011-11, Maßstäbe, Nenngrößen, Spurweiten. Teil 2: Festlegungen. Bern, Schweiz: Verband der Modelleisenbahner und Eisenbahnfreunde Europas. URL: https://www.morop.eu/down-loads/nem/de/nem010_d.pdf (Stand: 12.04.2022).

Strüber, O. (2005): Gut in Form. Die Gestaltung der Anlage ist vom verfügbaren Platz abhängig. In: Tiedtke, M. (Hrsg.): Die große Modellbahn-Werkstatt. Tipps und Tricks: vom gelungenen Einstieg bis zur perfekten Superanlage. Ungekürzte Lizenzausg. Rheda-Wiedenbrück Gütersloh: RM-Buch-und-Medien-Vertrieb [u.a.], S. 29–32.

Tiedtke, M. (2005): Welcher Maßstab ist sinnvoll? Die Nenngröße H0 wird unter die Lupe genommen. In: Tiedtke, M. (Hrsg.): Die große Modellbahn-Werkstatt. Tipps und Tricks: vom gelungenen Einstieg bis zur perfekten Superanlage. Ungekürzte Lizenzausg. Rheda-Wiedenbrück Gütersloh: RM-Buch-und-Medien-Vertrieb [u.a.], S. 19–22.

Unbehaun, K. (2005): Pfiffiger Modell- und Dioramenbau. Innovative Ideen für Modellbauer und -bahner. Stuttgart: Transpress.

Vetter, K.-J. (2005a): Maß halten! Die Maßstäbe bei der Modelleisenbahn. In: Tiedtke, M. (Hrsg.): Die große Modellbahn-Werkstatt. Tipps und Tricks: vom gelungenen Einstieg bis zur perfekten Superanlage. Ungekürzte Lizenzausg. Rheda-Wiedenbrück Gütersloh: RM-Buch-und-Medien-Vertrieb [u.a.], S. 23–24.

Vetter, K.-J. (2005b): Dem Vorbild auf der Spur. Vermessung und Dokumentation von Bauwerken. In: Tiedtke, M. (Hrsg.): Die große Modellbahn-Werkstatt. Tipps und Tricks: vom gelungenen Einstieg bis zur perfekten Superanlage. Ungekürzte Lizenzausg. Rheda-Wiedenbrück Gütersloh: RM-Buch-und-Medien-Vertrieb [u.a.], S. 33–35.

Sekundärquellen

Bayerisches Staatsministerium für Bildung und Kultus, Wissenschaft und Kunst (Hrsg.) (2014): LehrplanPLUS Grundschule Lehrplan für die bayerische Grundschule. München: Bayerisches Staatsministerium für Bildung und Kultus, Wissenschaft und Kunst.

Bönsch, M. (2021): Projektarbeit im Sachunterricht. In: Astrid Kaiser/Detlef Pech (Hrsg.): Unterrichtsplanung und Methoden. 7. Auflage, ungekürzte Ausgabe. Baltmannsweiler: Schneider Verlag Hohengehren, S. 202–210, (= Basiswissen Sachunterricht).

Brandl, F. (2016): Die Welt im Kleinen. Faszination Modelleisenbahn. Linz: Universität für künstlerische und industrielle Gestaltung Linz – Kunstuniversität Linz.

Connor, A. M./Karmokar, S./Whittington, C. (2015): From STEM to STEAM: Strategies for Enhancing Engineering & Technology Education. In: International Journal of Engineering Pedagogy (iJEP) 5, S. 37–47.

Conrads, N. (2011): Erwerb von Modellkompetenz als Bildungsziel des Sachunterrichts. In: www.widerstreit-sachunterricht.de, 17, S. 1–7.

Förster, L. (2017): Im Klassenzimmer auf Zeitreise gehen. In: Grundschule, 49(6), S. 16–18.

Frey, K. (2010): Die Projektmethode „der Weg zum bildenden Tun". 11., neu ausgestattete Auflage. Weinheim: Beltz.

Fritz-Baumgarten-Schule (2019): Konzeption. In: Fritz-Baumgarten-Schule. Grundschule der Stadt Leipzig. https://fribags.de/ueber-uns/gta-neigungskurse/konzeption/ (Abruf 8.8.2022).

Gesellschaft für Didaktik des Sachunterrichts (GDSU) (Hrsg.) (2013): Perspektivrahmen Sachunterricht. Vollständig überarb. und erw. Ausg. Bad Heilbrunn: Klinkhardt.

Gilbert, J. K./Justi, R. (2016): Modelling-based Teaching in Science Education. Cham, Switzerland: Springer.

Gläser, E. (2011): Arbeit mit Modellen im Sachunterricht. In: Grundschule Sachunterricht, 13(51), S. 34–35.

Grellmann, U. (2018): Physik und Mathe – Leichter geht's mit der Modelleisenbahn. Einführung Elektrotechnik. Wiesbaden: Springer.

Gudjons, H. (1984): Was ist Projektunterricht? Begriff, Merkmale, Abgrenzungen. In: Westermanns pädagogische Beiträge, 36(6), S. 260–266.

Haider, M. (2019): Modellkompetenz Im Naturwissenschaftlichen Sachunterricht: Eine Empirische Studie Zum Lernen Mit Modellen und über Modelle in der Primarstufe. Berlin: Logos Verlag Berlin GmbH.

Haider, M./Haider, M. (2018): Lernunterstützende Maßnahmen im (naturwissenschaftlichen) Modellierungsprozess. In: www.widerstreit-sachunterricht.de. S. 11 S.

Hardiman, M. M./JohnBull, R. M. (2019): From STEM to STEAM: How Can Educators Meet the Challenge? In: Stewart, A. J./Mueller, M. P./Tippins, D. J. (Hrsg.): Converting STEM into STEAM Programs: Methods and Examples from and for Education. Cham: Springer International Publishing, S. 1–10, (= Environmental Discourses in Science Education).

Hauber, M./Zander, A. (2020): Spielen macht Schule – spielend zum Lernerfolg. In: Mehringer, V./Waburg, W. (Hrsg.): Spielzeug, Spiele und Spielen. Aktuelle Studien und Konzepte. Wiesbaden: Springer VS, S. 175–195.

Hermann, G. (2017): Projekte. In: Reeken, D. von (Hrsg.): Handbuch Methoden im Sachunterricht. 4. aktualisierte Neuauflage. Baltmannsweiler: Schneider Verlag Hohengehren GmbH, S. 225–231, (= Kinder. Sachen. Welten Bd.3).

Kahlert, J. (2016): Der Sachunterricht und seine Didaktik. 4., aktualisierte Auflage. Bad Heilbrunn: Verlag Julius Klinkhardt.

Kaiser, A./Pech, D. (2021): Vom Konzept zum Unterricht. In: Kaiser, A./Pech, D. (Hrsg.): Unterrichtsplanung und Methoden. 7. Auflage, ungekürzte Ausgabe. Baltmannsweiler: Schneider Verlag Hohengehren, S. 3–44, (= Basiswissen Sachunterricht).

Kultusministerkonferenz (KMK) (Hrsg.) (2005): Aktivitäten der Länder zur Weiterentwicklung des mathematisch-naturwissenschaftlichen Unterrichts. Beschluss der Kultusministerkonferenz vom 18.03.2005.

Kultusministerkonferenz (KMK) (Hrsg.) (2009): Empfehlung der Kultusministerkonferenz zur Stärkung der mathematisch-naturwissenschaftlich-technischen Bildung. Beschluss der Kultusministerkonferenz vom 07.05.2009.

Kultusministerkonferenz (KMK) (Hrsg.) (2015): Empfehlungen zur Arbeit in der Grundschule, Beschluss der Kultusministerkonferenz vom 02.07.1970 i. d. F. vom 11.06.2015.

Landesinstitut für Schule und Medien Berlin-Brandenburg (LISUM) (2015): Rahmenlehrplan. Teil C. Sachunterricht. Berlin/Potsdam: Senatsverwaltung für Bildung,

Jugend und Wissenschaft Berlin/Ministerium für Bildung, Jugend und Sport des Landes Brandenburg.

Marquardt-Mau, B. (2015): Lehren und Lernen in Projekten. In: Kahlert, J./Fölling-Albers, M./Götz, M./Hartinger, A./Miller, S./Wittkowske, S. (Hrsg.): Handbuch Didaktik des Sachunterrichts. 2., aktualis. und erw. Aufl. Bad Heilbrunn: Klinkhardt, S. 419–424, (= UTB Schulpädagogik 8621).

Mehr Zeit für Kinder e.V. (2020): Tipps. In: Werkstatt Modelleisenbahn. https://www.werkstatt-modelleisenbahn.de/tipps/ (Abruf 23.8.2022).

Mehringer, V./Waburg, W. (2020): Das Projekt SAKEF – Theoretische und konzeptionelle Überlegungen zu Spielzeugbewertung und Spielzeugauswahl. In: Mehringer, V./Waburg, W. (Hrsg.): Spielzeug, Spiele und Spielen. Aktuelle Studien und Konzepte. Wiesbaden: Springer VS, S. 15–36.

Meisert, A. (2008): Vom Modellwissen zum Modellverständnis – Elemente einer umfassenden Modellkompetenz und deren Fundierung durch lernerseitige Kriterien zur Klassifikation von Modellen. In: Zeitschrift für Didaktik der Naturwissenschaften, 14, S. 243–261.

Mieskes, H. (1974): Spielmittel recht verstanden, richtig gewählt, gut genutzt: eine Anleitung. Augsburg: Augsburger Druck- u. Verlagshaus.

Mieskes, H. (1983): Spielmittel und Spielmittelforschung. In: Kreuzer, K. J. (Hrsg.): Handbuch der Spielpädagogik. Das Spiel unter pädagogischem, psychologischem und vergleichendem Aspekt. Düsseldorf: Schwann, S. 387–429.

Ministeriums für Kultus, Jugend und Sport Baden-Württemberg (2016): Sachunterricht. In: Bildungspläne Baden-Württemberg. https://www.bildungsplaene-bw.de/,Lde/LS/BP2016BW/ALLG/GS/SU (Abruf 20.12.2022).

Renn, O./Pfenning, U./Duddeck, H./Menzel, R./Holtfrerich, C.-L./Lucas, K./Fischer, W./Allmendinger, J./Klocke, F. (2012): Stellungnahmen und Empfehlungen zur MINT-Bildung in Deutschland auf der Basis einer Europäischen Vergleichsstudie. Berlin: Berlin-Brandenburgische Akademie der Wissenschaften.

Renner, M. (2008): Spieltheorie und Spielpraxis. Eine Einführung für pädagogische Berufe. 3., neu bearb. Aufl. Freiburg im Breisgau: Lambertus.

Retter, H. (1979): Spielzeug. Handbuch zur Geschichte und Pädagogik der Spielmittel. Weinheim: Beltz.

Sächsisches Staatsministerium für Kultus (Hrsg.) (2004/2009/2019a): Lehrplan Grundschule. Sachunterricht. Dresden: Sächsisches Staatsministerium für Kultus.

Sächsisches Staatsministerium für Kultus (Hrsg.) (2004/2009/2019b): Lehrplan Grundschule. Deutsch. Dresden: Sächsisches Staatsministerium für Kultus.

Sächsisches Staatsministerium für Kultus (Hrsg.) (2004/2009/2019c): Lehrplan Grundschule. Mathematik. Dresden: Sächsisches Staatsministerium für Kultus.

Sächsisches Staatsministerium für Kultus (Hrsg.) (2004/2009/2019d): Lehrplan Grundschule. Kunst. Dresden: Sächsisches Staatsministerium für Kultus.

Sächsisches Staatsministerium für Kultus (Hrsg.) (2004/2009/2019e): Lehrplan Grundschule. Werken. Dresden: Sächsisches Staatsministerium für Kultus.

Senator für Bildung und Wissenschaft (2007): Sachunterricht. Bildungsplan für die Primarstufe. Bremen: Landesinstitut für Schule.

Ständige Konferenz der Kultusminister der Länder in der Bundesrepublik Deutschland (Hrsg.) (2005a): Bildungsstandards im Fach Deutsch für den Primarbereich (Jahrgangsstufe 4): Beschluss vom 15.10.2004. München: Luchterhand. (= Beschlüsse der Kultusministerkonferenz).

Ständige Konferenz der Kultusminister der Länder in der Bundesrepublik Deutschland (Hrsg.) (2005b): Bildungsstandards im Fach Mathematik für den Primarbereich: (Jahrgangsstufe 4); [Beschluss vom 15.10.2004]. München Neuwied: Luchterhand. (= Beschlüsse der Kultusministerkonferenz).

Ständige Konferenz der Kultusminister der Länder in der Bundesrepublik Deutschland (Hrsg.) (2022a): Bildungsstandards im Fach Deutsch für den Primarbereich (Jahrgangsstufe 4); [Beschluss vom 15.10.2004 i.d.F. vom 23.06.2022]. URL:

https://www.kmk.org/fileadmin/Dateien/veroeffentlichungen_beschlu-esse/2022/2022_06_23-Bista-Primarbereich-Deutsch.pdf (Abgerufen: 02.02.2023). (= Beschlüsse der Kultusministerkonferenz).

Ständige Konferenz der Kultusminister der Länder in der Bundesrepublik Deutschland (Hrsg.) (2022b): Bildungsstandards im Fach Mathematik für den Primarbereich; [Beschluss vom 15.10.2004 i.d.F. vom 23.06.2022]. URL: https://www.kmk.org/fileadmin/veroeffentlichungen_beschlu-esse/2022/2022_06_23-Bista-Primarbereich-Mathe.pdf (Abgerufen: 02.02.2023). (= Beschlüsse der Kultusministerkonferenz).

Thüringer Ministerium für Bildung, Jugend und Sport (Hrsg.) (2015): Lehrplan für die Grundschule und für die Förderschule mit dem Bildungsgang Grundschule, Heimat- und Sachkunde. Erfurt: Thüringer Ministerium für Bildung, Jugend und Sport.

Uhlandschule Bettringen (2020): Modellbahn. In: Uhlandschule Bettringen. https://www.usb.gd.bw.schule.de/index.php/de/ag-angebote/modellbahn (Abruf 3.8.2022).

Upmeier zu Belzen, A./Krüger, D. (2010): Modellkompetenz im Biologieunterricht. In: Zeitschrift für Didaktik der Naturwissenschaften, 16, S. 41–57.

Weinert, F. E. (2014): Vergleichende Leistungsmessung in Schulen – eine umstrittene Selbstverständlichkeit. In: Weinert, F. E. (Hrsg.): Leistungsmessungen in Schulen. 3., aktualisierte Aufl. Weinheim: Beltz, S. 17–31.

Whiteford, R./Fitzsimmons, J. (1996): Hands on Display. Dunstable: Belair Publications Ltd.

Tertiärquellen

Bender, T./Hüningen, J. zu (2022): Stop-Motion. In: Das Lexikon der Filmbegriffe. https://filmlexikon.uni-kiel.de/doku.php/s:stopmotion-3289 (Abruf 4.9.2022).

Duden (2022a): Modelleisenbahn. https://www.duden.de/rechtschreibung/Modellei-senbahn (Abruf 7.6.2022).

Duden (2022b): MINT. https://www.duden.de/rechtschreibung/MINT (Abruf 1.7.2022).

DWDS (2022): Modelleisenbahn. In: DWDS. https://www.dwds.de/wb/Modelleisenbahn (Abruf 7.6.2022).

Giest, H. (2015): Wider die Klebekonzentration. Perspektiven vielperspektivischen Lernens im Sachunterricht. In: Grundschulunterricht. Sachunterricht, 62(4), S. 4–7.

Hildebrandt, P. (1904): Das Spielzeug im Leben des Kindes. Berlin: Verlag von G. Söhlke Nachf. Heinrich Mehlis.

Hoße, M./Dahl, C./Schäller, H.-D./Schnitzer, J./Lieb, U. (2020a): Modelleisenbahn. In: Lexikon der Modelleisenbahn. Stuttgart: transpress Verlag. S. 146.

Hoße, M./Dahl, C./Schäller, H.-D./Schnitzer, J./Lieb, U. (2020b): Modellbahnanlage. In: Lexikon der Modelleisenbahn. Stuttgart: transpress Verlag. S. 145.

Hoße, M./Dahl, C./Schäller, H.-D./Schnitzer, J./Lieb, U. (2020c): Nenngröße. In: Lexikon der Modelleisenbahn. Stuttgart: transpress Verlag. S. 150.

Hoße, M./Dahl, C./Schäller, H.-D./Schnitzer, J./Lieb, U. (2020d): analoge Steuerung. In: Lexikon der Modelleisenbahn. Stuttgart: transpress Verlag. S. 13.

Hoße, M./Dahl, C./Schäller, H.-D./Schnitzer, J./Lieb, U. (2020e): digitale Steuerung. In: Lexikon der Modelleisenbahn. Stuttgart: transpress Verlag. S. 52.

Hoße, M./Dahl, C./Schäller, H.-D./Schnitzer, J./Lieb, U. (2020f): Anlagenform. In: Lexikon der Modelleisenbahn. Stuttgart: transpress Verlag. S. 14.

Hoße, M./Dahl, C./Schäller, H.-D./Schnitzer, J./Lieb, U. (2020g): Rechteckanlage. In: Lexikon der Modelleisenbahn. Stuttgart: transpress Verlag. S. 166.

Hoße, M./Dahl, C./Schäller, H.-D./Schnitzer, J./Lieb, U. (2020h): An-der-Wand-entlang-Anlage. In: Lexikon der Modelleisenbahn. Stuttgart: transpress Verlag. S. 13.

Hoße, M./Dahl, C./Schäller, H.-D./Schnitzer, J./Lieb, U. (2020i): Modulbauweise. In: Lexikon der Modelleisenbahn. Stuttgart: transpress Verlag. S. 147.

Hoße, M./Dahl, C./Schäller, H.-D./Schnitzer, J./Lieb, U. (2020j): Gleisfiguren. In: Lexikon der Modelleisenbahn. Stuttgart: transpress Verlag. S. 98.

Hoße, M./Dahl, C./Schäller, H.-D./Schnitzer, J./Lieb, U. (2020k): Geländegestaltung. In: Lexikon der Modelleisenbahn. Stuttgart: transpress Verlag. S. 87.

Miniatur Wunderland Hamburg (2020): Miniatur Wunderland zum dritten Mal in Folge zur beliebtesten Sehenswürdigkeit Deutschlands gewählt. https://presse.miniatur-wun-derland.de/2020/1935/miniatur-wunderland-zum-dritten-mal-in-folge-zur-beliebtesten-sehenswuerdigkeit-deutschlands-gewaehlt/ (Abruf 14.4.2022).

Renkl, A. (2015): Wissenserwerb. In: Wild, E./Möller, J. (Hrsg.): Pädagogische Psychologie. 2., vollständig überarb. und aktualisierte Aufl. Berlin: Springer, S. 3–24, (= Springer-Lehrbuch).

Ring, R. (2010a): Diorama. In: Das illustrierte Lexikon der Modellbahntechnik: mehr als 1000 Fachbegriffe anschaulich erklärt! München: GeraMond. S. 35.

Ring, R. (2010b): Car System. In: Das illustrierte Lexikon der Modellbahntechnik: mehr als 1000 Fachbegriffe anschaulich erklärt! München: GeraMond. S. 25.

Tenorth, H.-E./Tippelt, R. (Hrsg.) (2007a): deklaratives Wissen. In: Beltz Lexikon Pädagogik. Weinheim Basel: Beltz. S. 142.

Tenorth, H.-E./Tippelt, R. (Hrsg.) (2007b): Lerngegenstand. In: Beltz Lexikon Pädagogik. Weinheim Basel: Beltz. S. 480.

Tenorth, H.-E./Tippelt, R. (Hrsg.) (2007c): prozedurales Wissen. In: Beltz Lexikon Pädagogik. Weinheim Basel: Beltz. S. 583.

Tenorth, H.-E./Tippelt, R. (Hrsg.) (2007d): Lerninhalt. In: Beltz Lexikon Pädagogik. Weinheim Basel: Beltz. S. 480.

桐蔭学園　幼稚園 (Toin Gakuen) (2016): 【幼稚部】スペシャルプログラム「街を作ろう！鉄道模型」 ｜ 桐蔭学園幼稚園・小学校　アフタースクール. http://toin.ac.jp/ek-as/?p=8226 (Abruf 14.4.2022).

SACHREGISTER